文芸教育

115 2018 夏

特集

西郷竹彦「銀河鉄道の夜」を語る

新読書社

「文芸教育」115号　目次

『文芸教育』誌・特集にあたって　上西信夫　4

特集　西郷竹彦「銀河鉄道の夜」を語る

西郷竹彦「銀河鉄道の夜」を語る
～聞き書きの全記録～　太田芳治　6

特集◎座談会

「銀河鉄道の夜」の謎
西郷甲矢人　太田芳治
太田顕子　芦田さやか
久米慶典　豊田佳香
宇都宮貴子　西郷京子　34

最後の宿題への糸口
～特集あとがきにかえて～　西郷甲矢人　75

連載　教室に学級通信があると①
私の学級通信　松山幸路　82

連載　子どもを育てる作文指導⑤
作文を意味づけ学び合う授業を　辻　恵子　92

連載　文学教育における教育方法の研究②
民間国語教育研究団体の比較を通して～教育科学研究会国語部会　村尾　聡　104

おしらせ
第53回文芸研全国研究大会　81

＊＊ 二〇一八年夏

『文芸教育』誌・特集にあたって

西郷竹彦「銀河鉄道の夜」を語る

文芸教育研究協議会委員長・上西信夫

▼六月一二日で西郷先生の逝去から一年になります。岡山文芸研牛窓サークルの太田芳治さんによる宮沢賢治作「銀河鉄道の夜」の聞き書きとそれをめぐっての牛窓サークルのみなさんと西郷甲矢人さんによる座談会原稿が完成し、急遽「西郷竹彦『銀河鉄道の夜』（宮沢賢治）を語る」の特集を組みました。聞き書き原稿は、西郷先生の「遺稿」ともいえる貴重なものです。一周忌にぜひ上梓したいという牛窓サークルの熱意が伝わってきます。聞き書きは、昨年の春の彼岸・桜の時期から六月九日！までの八回の記録です。その間の様子は太田さんの「まえがき」で詳しく述べられています。

賢治の作品については、『「やまなし」の世界』『「二相ゆらぎ」の世界』『「風の又三郎」現幻二相ゆらぎの世界』（いずれも黎明書房）の西郷先生渾身の三部作が有名ですが、賢治の代表作「銀河鉄道の夜」の刊行も待たれていました。なぜか「銀河鉄道の夜」だけが特別講座では触れられませんでした。その後西郷先生の健康状態を考えて、太田さんは自ら申し出て、今回の「銀河鉄道の夜」の聞き書きが実現しました。またそれをめぐる座談会による解説・補説で西郷先生の発言の意図がよりわかるものとなっています。今回の聞き書きも特別講座がそうであったように、西郷先生の分析・解釈を一方的に語り、それを聞き手の太田さんが聞き取って書くというものではなく、最後の最後まで問答法で聞き手（学習者）の思考を深めるというスタイルを貫いています。緊迫したやり取りが臨場感を持って伝わってきます。

「銀河鉄道の夜」で賢治から読者が問われている問題―「みんなのほんとうの幸い」とは何か、「天上よりもっといいとこ」とはどこか、「他の神様を信ずる人たちのしたことでも涙がこぼれるだろう」とは…。「どこまでも行ける切符」や「鳥捕りの人」のような西郷先生の解釈を、もっともっと聴きたいという想いに駆られます。

▼《ものの見方・考え方》を育てる国語教育―美と真実を求めて―の研究テーマで、八月四・五日、第五三回文芸研横浜大会が開かれます。国語科教育は、人格形成の根幹をなす〈ことば・表現の力〉を育てることを担っています。さらに教育活動の総和のなかで、変革主体を育てる人間教育に関わる学力―《ものの見方・考え方》を教科内容として獲得させる国語科教育を構想します。《ものの見方・考え方》を関連・系統的に身につけさせることで「主体的・対話的で深い学び」も可能になると考えます。西郷先生が四〇年前に「国語科教育の未来像」（一九七八年奄美大会）を世に問うてから、《ものの見方・考え方》の重要さがやっと認知される時代がやってきました。時代が四〇年かけて西郷理論に追いついてきたのです。

西郷先生の豊かな文芸学理論・教育的認識論・文芸教育論のバトンを受け継ぐこの時代のランナーとして横浜大会を大きく成功させたいと思います。

《ものの見方・考え方》を育てる観点で提案される分科会・入門講座レポート、さらに公開授業・シンポジウム。かつて「竹ちゃん」「直ちゃん」と対談で呼び合った『のはらうた』の工藤直子さんと新沢としひこさんのコンサート、弱者の立場から発言を続ける落合恵子さんの記念講演と魅力的な大会内容を用意しました。皆様の参加をお待ちしています。（大会要項は八一頁に掲載）

特集●西郷竹彦「銀河鉄道の夜」を語る

西郷竹彦「銀河鉄道の夜」を語る
～聞き書きの全記録～

太田芳治（岡山文芸研・牛窓サークル）

聞き書きにあたって

「西郷先生。私は今年で定年退職になるので、先生が書きたいものがあるのなら、お手伝いしますよ」と言ったのは、二〇一七年二月一九日岡山市東区にある特別養護老人ホームグリーン・コムの一室でした。先生は、ベッドから体を起こして、
「そうか。それはありがたい。本当にうれしいことだ」と言って喜んでくれました。

一緒に見舞いに行った牛窓サークル全員も喜んでくれましたが、先生の体調を考え、体に負担がないようにと思い、「先生、夏目漱石の短編について書いてほしいなあ」とか「芥川龍之介の作品について書いてほしいなあ」という声が上がりました。しかし、西郷先生は、きっぱりと言われたのです。
「自分は宮沢賢治の『銀河鉄道の夜』を書きたい」

まわりのみんなはびっくりしました。なぜなら、宮沢賢治の「銀河鉄道の夜」は、今までの講義ではまったく触れられていない作品なのですから。私もこの作品を読んでいませんでしたが、先生の話されることを

録音して、テープ起こしをすればいいだろうと、その時は高を括っていたのでした。

翌々日には、先生のところへ行き、聞き書きの段取りを決めました。まずは、筑摩書房発行の『新校本宮澤賢治全集』（一九九五）から「銀河鉄道の夜」を二人分コピーし、仏教辞典や現代科学の本などを病室へ持ち込みました。そして教員生活の最後の学年末試験、成績処理を済ませ、先生のところへ向かいました。それはとても大きな仕事になるだろうと感じていました。

二月二五日、先生のところへ出かけました。

「先生、来ましたよ。始めましょうか」

「……（シーン）……」

「先生、寝ているんですか」

「今日は、風呂に入って疲れた。寝させてくれないかな」

この日から、こんな状態が数日続きました。

三月一六日。そうこうしているうちに、再生不良性貧血のための輸血で、瀬戸内市民病院に入院しました。病院に許可をいただいて、病室で聞き書きを始めることにしました。

「先生どうぞお話しください」

「……（シーン）……」

「先生、この話は教室での授業から始まっていますね」

「……（シーン）……」

「先生これは、いじめの問題ですよね」

「……（シーン）……。現代に通じる問題だね。……（シーン）……」

今日は輸血中。たしか、輸血中の時には、頭が朦朧としていることがあると西郷京子さんが言っていたことを思いだし、退散することにしました。

二〇一七年二月一九日から六月九日までに、三〇回以上訪問し、実際にインタビューできたのは八回です。時間にして正味四時間ほどでしょうか。文字にすると約一万六千語です。そのインタビューの中で、声が弱々しくて聞き取れないことがよくありましたが、話す内容についてはまったくぶれませんでした。特別講座などの時とは違い、やさしくわかりやすく語ってくれました。「ジョバンニの切符」の謎のところでは、その謎に至る説明をわかりやすく語ってくれました。このときは、先生の言葉に酔いしれ、仏教哲学の深くて魅力的な思想に身を任せていました。

四月に入ると今まで以上に多くのことを語ってくれました。たぶん、調子がよかったのだろうと思います。しかも、大切なところにさしかかると、あの鋭い口調でぐいぐいと質問してくるのです。いい加減に答えると、いっそう厳しく問うてくるのです。「鳥を捕る人」のところでした。「殺生の罪」では、問い詰められ、ちょっと言葉に迷いました……。

「鳥を捕る人が殺生している。じゃ、あなたは殺生していないのか?」

「いえいえ、私も殺生をしています」

「私も、しているのか?」

「……(無言、考えて)いえ、私が殺生をしています」

この鳥を捕る人についての緊張感あふれるやりとりは、聞き書き全記録の中に書いています。

四月四日には、見舞いに来たK先生と鉢合わせになりました。K先生は、

「自分のできることは、西郷先生の体をマッサージすること」

と言って、足から上に上にとマッサージをするのです。そのたびに西郷先生は、

「ああ、気持ちがいい。気持ちがいい」

と何回も言うのです。それを見ていた私も、次回から毎回先生の体をマッサージしました。すると決まって

「気持ちがいい、気持ちがいい、本当に気持ちがいい」

と言うのです。

「今日は、眠くなった。ああ、本当に気持ちがよかった」と言って寝てしまうのです。

聞き書きはどうなるのだろうと、ちょっと不安になったのも事実ですが、あまりにもうれしそうに言われるものですから、毎回マッサージは欠かせないものと

なったのです。先生の手や足は骨太で、長年の全国行脚で培った逞しさを感じました。しかし今では、先生の足は細く、筋肉がなくなり、ごつごつした骨が私の指に痛いほど感じられました。肩も同じでした。この時には少し寂しさを感じてしまいました。

「意識」の問題は、本当に圧巻でした。ジョバンニの切符のところです。

「ジョバンニの切符はあるのかないのか」という問いは、本当に深いと思いました。「あると思えばある」し、「ないと思えばない」。「あるのでもないし、ないのでもない」。まさに、すべての人々に共通するこの言葉には圧倒されました。一瞬にして、地獄界から極楽界へ、仏界から餓鬼の世界へ。「十界互具」の話も圧巻でした。この作品を通してでないと、実感としてこの境地に到達することはできなかったでしょう。

岡山協立病院で、膀胱がんの手術をされたのは四月一九日ですが、それ以前には、もう手術はしないと言っていたのです。今考えると、まだ言いたいことがあったので、そのためにも、手術を受けて生きようと思われたのでしょう。宮沢賢治の「銀河鉄道の夜」という最高傑作を通して、先生が我々に伝えたいことがあったのです。そのために、それまで受けないといっていた手術を受け入れたのです。

四月六日のインタビューから一カ月以上、西郷先生との聞き書きはできませんでした。そしてその一カ月間、先生にとってはガンの手術、急性肺炎のため瀬戸内市民病院への入院、そして輸血といった大変な時期だったのです。協立病院での膀胱がんの手術の後、意外と長く聞き書きができたのは五月一一日のみでした。その後は、あの六月九日が最後でした。この頃お見舞いに来られた方が多かったのですが、たぶん長くはお話しできなかったことでしょう。

この頃から、先生の体調とともに意識も、現幻自在に世界をあっちへ行ったりこっちへ来たりしていました。私との聞き書きの時には、そんなことはありませんでしたが、西郷京子さんや身近な人には、時に理解不可能なことを話されていたようです。手術、輸血、不安定な血圧など、どれをとっても先生にとっては、つらいつらいことだったと思います。そんな状態でも、

「先生にとって本当の幸せとは何ですか」

という私の問いに、

「菩薩になること」

と、はっきりと答えられました。

宮沢賢治の最高傑作「銀河鉄道の夜」で言いたかったことを、先生は最後の力を振り絞って四つにまとめたのです。「いじめ」、「殺生の罪」、「意識の問題」、そして「本当の幸せとは」。

世界に様々な人々が生活し、考え方も様々です。しかし、人種・宗教を超えたところに「本当の幸せ」があると意識できると、われわれの心は今まで以上に満たされるのです。

聞き書きが終わり、久しぶりに先生の声を聞き直してみると、その日の先生の声の調子が伝わってきます。三月から四月にかけてと、五月の連休明け、そして亡くなる直前。弱音を吐かなかった先生ですが、四月一九日の手術以降、連休明けに退院してからは、声の調子もぐっと弱くなっていました。六月には、ほとんど寝ている状態で、声をかけても「あー、太田さんか」と言って、寝息を立てていました。声は小さくなり、しばしばその声が聞こえないこともありました。そして六月九日に言われた最後の言葉。

「少し休ませてください」

その翌々日の深夜、先生は亡くなりました。

今、先生はどのあたりを歩いているのでしょうか。

聞き書きの全記録

二〇一七年三月一六日

賢治の独特の表現

西郷　質問は？

太田　まず、最初に教室での授業が進んでいきますよね。天の川というのは銀河で、時期的には夏ということですね。

西郷　はい。

太田　〈銀河〉と漢字で書いていたり、〈ぎんが〉と平仮名で書いてあったり、銀河を〈天の川〉と言ったり〈脂油の珠〉と表現したりしています。おもしろいですね。

（輸血が始まる）

太田　〈天気輪〉というのは、東北にも存在するのですか？　宮沢賢治は岩手県出身ですよね。

西郷　あるのではないですかね。

太田　天気輪というのは何かの象徴みたいなものですか。

西郷　世界のイメージを表している。世界がそういうイメージとしてあるということです。当時の人の世界観もそうだしね。

太田　賢治は銀河を「乳の流れ」だとか、「川」だとか、いろどり豊かにいろんな表現をしています。

西郷　それらの表現は、賢治が発明したわけではなくて、昔からそう言われてきていているものをそういう初歩的なもので書き表すということで始めている。

今日にも通じる「いじめ」

太田　この物語は、学校の午後の授業で始まるのですが、西郷先生が何か気になったことはありますか。

西郷　いじめ問題です。今も昔もかわらないですね。つまりね、彼の作品の中には今日にも通じるようなことがいっぱいあるのです。いじめっていうのは、まさにそうですよね。

太田　ジョバンニが手をあげようとするけどやめますよね。それも……。

西郷　うっかり手をあげようとしましたが、やめましたね。あげた瞬間「しまった」と思ったのでしょう。普段からの授業の様子でね。ある種の敵がいるからね。仲間からすごまれて、ちょっといじめられる側に回っちゃったのですね。いじめ問題って、いつ、誰がいじめられてもおかしくないんだけど、特にある理由で、誰がいじめられるかということはないのですよ。自分がいじめられる方になるかもしれんしね。

太田　ですから、教室の先生が、〈ジョバンニさんあなたはわかっているのでしょう〉と尋ねます。でも、目立つことはしたくないから手をあげることはしていません。物語の途中で、ジョバンニの出稼ぎのお父さんのことが書かれていて、〈ラッコの上着をもってかえってくるんだね〉とザネリがジョバンニをからかいますよね。

西郷　以前にお父さんが学校に寄付をしたでしょう。寄付をしたことをからかって言っているわけですよ。それも、まともに稼いだ金で買ったのではないだろうという疑念があるわけですよね。高価な品なので、それもあるのですよ。だから、あんなものを、高い品物を学校に寄贈したのをうらやんで、そういう気持ちから出たいじめの言葉ですよね。ちょっと目立ったことをするとね。

太田　ジョバンニのお父さんは出稼ぎに行っていて、お母さんは病気で寝ています。そしてジョバンニは家計を助けるために活版所へ行ってバイトをしているということですね。

西郷　あの時代、活版所での仕事は、かなりの能力がないとできないですよ。

二〇一七年三月二二日

書き出し

太田　（「銀河鉄道の夜」の第一章を読む）

西郷　書き出しの場面というのは、今の子どもたちも同じ。多少の違いがあるとしても、似たような内容、似たようなかたちだと思いますね。ですから、今の子どもたちにとっても、この導入はスーッと入っていける。要するに物語っていうのは、始まるところから始まる。その始まりがですね、どこでどう繋がるかがうまくないと、読者が興味をもってすっと入っていくことにならない。

そういう点では、今の子どもたちの日常の学習風景と似たようなところから語り始めていくと、読者の子どもはすっと入っていける。すっと入っていきながらも、ちょっとここんところは違うなとか、こんとところはちょっと難しいなと感じながら、学習についていくということになるわけですね。それが学級の雰囲気、どんな風に扱われているか、いわばいじめの対象になるわけですね、そういうところを考えながら、次のところを読んでいくわけなのですよね。

語りの最初の場面というのは、語りの世界と読者との接点、つながりをつくる大事な場面ですね。ですから、語りの始まりは、読者をどう招待していくか、誘っていくかという点でも、大切なところですね。もちろん、読者はみな作家になるわけではないけど、一つの話をする時、どういうところに注意して話を切り出すか、これはいい参考になります。物語を勉強する時には、物語の内容を読むことで賢くなるということはありますが、物語っていうのは、誰かが誰かに語るということで、その語り方には大事なことがあるわけですね。読者の興味を引く、読者がいかに興味をひかれるか。それがその最初の場面の学習の勘所ということになります。

太田　流れとしては、先生が今言われたように、午後の授業で銀河の話をしていて、天の川の説明がわかりやすく、しかし、例えば砂利の粒にもあたるとか、脂油の珠とか、天の川の底の深く遠いところほど星がたくさん集まっているとか、レンズを出してきて説明をしています。そして、午後の授業が終わるとみんな次の星祭り、銀河の祭にいくという展開なので、話の始まりとして興味深く次の文章に入っていくことができると思います。

西郷　読者を物語の中に引き入れたということになるわけです。お父さんは出稼ぎに行っている。そのために友達からいろいろからかわれたりしている。たった一人の友人だけが彼を支えていてくれていた。人間関係ですね。

それから、ジョバンニは植字工として、鉛の活字のはいった箱を斜めに置き、その中から、ピンセットで一つひとつ活字を拾って箱に入れていくというたいへんな仕事をしています。かなり賢い子どもでないとできません。お父さんは刑務所に行っているらしいし、出稼ぎにいっていて、大きな蟹の甲羅だの、トナカイの角だのを学校に寄贈したと書いていますね。このお父さんは北の海へ行っていて、子どものために、稼いだ金で、学校に寄贈する。そして、そのことで逆に、悪いことして稼いだ金で学校に寄贈しているという悪いうわさやいじめが生まれることになるのですね。クラスの中に一人親友がいましたね。その彼でも、ジョバンニをかばうことは難しいわけです。

太田　ジョバンニの《内の目》によりそって、読者は読んでいくのですね。

西郷　「母親思いの賢い子だなあー」と《外の目》で好感をもつように仕組まれている。《内の目》と《外の目》の両方で読んでいく。

太田　この「銀河鉄道の夜」という作品の全体を通して、どんな展開をしていくのかを次の機会に教えてください。

二〇一七年三月二六日

数々の謎

太田　輸血で二週間、瀬戸内市民病院に入院でしたね。

西郷　はい。

胸にいつのまにか入っていたどこにでも行けるジョバンニの切符についてだが、「その切符に何が書いてあったか」ということと、ジョバンニは自分でその切符を上着の内ポケットに入れていたのかどうかわからないと言っていたこと。知らないうちに入っていた。これを研究者はだれも問題にしていないのですよ。入れたはずのないものが入っていた。胸ポケットに入っていたのに、自分が入れたか入れないのか、わからない。

そして駅名を見て降りるでしょう。駅なのに駅がない。駅には駅長も駅員も改札もない、なぜなんだ。

鳥捕りは、いつの間にか入ってきたりいなくなったりするのはなぜなんだろう。急にふっといなくなる、そして、またふっといるのですよね。

太田 不思議ですね。

西郷 そういう謎、数々の謎。まず、今言った謎を考えて下さい。

自分が入れた覚えのないものが入っていた。十ばかりの字が書かれている、どこへでもいける切符が入っていたということなのですね。結局、彼らは行きたいところへ行けたのですよ。

二〇一七年三月三一日

石炭袋とは

太田 〈石炭袋〉って何ですか。

西郷 星座。

太田 そんなところ、あるのですか?

西郷 あるのですよ。星がない部分があるのですよ。そこをそう名づけている。銀河の名前みたいに。

太田 〈石炭袋〉ということはそこに星座があるっていうことですか。

西郷 ないっていうこと。要するに、そこは黒いのですよ。要するに星がないからさ。

太田 星がないのに、星が「ない」ところが「ある」ということ?

西郷 いやいや、星が点々とあるでしょう。しかし、ポカッとないので、穴のように見えますね?

太田 石炭は黒いので、それを入れたようなということですね。

西郷 そうそう。星がない一帯があるというわけですよ。星がないという、見えないというか……。

太田 ブラックホールですか。

西郷 いや、ブラックホールではないの。要するに星座がびっしり空にあるわけ。そこだけ石炭の袋のようにまるっぽく星がないところを言うのですよ。

太田 実際は、石炭のように黒い穴のように見えるんだけども、その穴のずっと奥には星があるかもしれませんね。

西郷　あるかもしれませんが、それはわからない。今はわかっていますけど肉眼では見えないわけです。

太田　カムパネルラのお母さんは亡くなっていますよね。

西郷　ああ、そうです。

太田　カムパネルラは見えていると言っているので、見えているととっていいのですね？

西郷　ああ。

太田　石炭袋の話をした後で、ジョバンニは現実にかえってくるのですね。舟に乗っていて、舟から落ちたザネリを助けたカムパネルラが水に溺れて亡くなったという事実があり、学者風のお父さんは、〈四五分も経ったからもうだめだ〉と言いますよね。カムパネルラのお父さんは〈あなたのお父さんは、もう帰ってますか。〉と時計を固く握ったまま聞きました〉。ジョバンニのお父さんは帰ってくるのなら家に手紙を出しますよね。しかし、この学者に「帰るよ」というたいへん元気な便りがあったと書いてあるのですが、ジョバンニのお父さんは元気に帰ってくるのでしょうかね？

西郷　帰ってくるんだと思いますよ。帰ってこないのに、帰ってくるとは言えないでしょう。

太田　まさかタイタニック号に乗ってはいませんよね。

西郷　帰ってくるということでいいと思いますよ。そうやって、カムパネルラのお父さんがジョバンニの悩みを一つずつ解いていくのですね。

太田　ジョバンニは銀河鉄道に乗っていたことをまったく覚えていないですよね。

西郷　う〜ん……。

二〇一七年四月四日

心の場所

西郷　どこまでも行ける切符の問題は終わりましたかね？　地理的概念のことではなくてね。例えば、駅のはずなのに駅がない。「どこまで」の「どこ」というのは、地理的概念ではないということ。どういう心理的状況か、どういう境地まで行けるかということなのです。「どこ」っていうと普通、地理上における地理的概念ですが、地理的ではないということをまずきちんとおさえておきましょう。どんな心の状態なのかということです。

太田　読んでいると、列車はどこを走っているのかからなくなってしまうのですよ。

西郷　どこを走っているかということを問うのではだめなのですよ。「どこ」ではなくて、「どんな」心理状況なのかということなのですよ。どんな心境地かということ。心境というのは心の場所っていうこと。

太田　心の場所？

西郷　心の状態。憎しみ合っている状態とか、そういう心境です。穏やかな状態とか激しく燃えている状態とか、そういう心の状態ですね。

太田　山の裾を走っているという場所ではなくて、心の状況、心境を表している。

西郷　それが「十界」に分かれている。のんびりしている状態とか、がつがつしている状態とかね。

太田　のんびりしている状況というのは、「十界」のどこでしょうか。

西郷　はっきりとは言えないけど、「仏界」ではないの。「人界」のところかな。

殺生の罪

太田　鳥を捕る人が出てくるのですが、この鳥を捕る人は突然列車の中に乗っているのです。そして捕まえた鳥をきちんと折って……。

西郷　おかしいですね。

太田　おかしいです。そして、食べるかという話になって、食べるとチョコレートより、ずっとおいしいのです。すると鳥捕りは、自分は鳥を捕りに行ってくるといって、いつのまにか列車から降りていて、外で鳥を捕っている。鳥はトリでなくて、お菓子ですよね。

西郷　鳥なんですよ。

太田　鳥なんですか。

西郷　鳥をお菓子にしているのですね。食べるために。

太田　でもそんなことは普通できないんじゃないです？

西郷　普通はできないのだが、できるのだな。

太田　この鳥捕りは、この列車の中に突然現れたり、列車の外に行って鳥を捕ったりするじゃないですか。こんなことは普通あり得ませんよね。

西郷　あり得ませんね。

太田　なぜ、こんなことを宮沢賢治は書いたのでしょうか。

西郷　そうなのですよ。そんなことが解釈できなきゃ意味がわかったって言えないのですよ。

仏教でね、一番禁止していることは、殺すということなのですよ。人でも何でも命あるもの、生あるものの命を奪う。これは最大の悪なのですね。わかるでしょう、常識として。鳥を捕る商売っていうのは何ですか。たとえ鳥であろうと、犬であろうと、猫であろうと、畜生であろうと、殺すということは最悪の罪を犯している人間なのですよ、この鳥捕りは。この鳥捕りは、あんなに自由にあの列車を出入りしますね。自由でしょう。なぜかって思うでしょう。他のものならいざ知らず、仏教で最悪と言われる殺生の罪を犯しているわけですね。

私たちが罪を犯している

西郷　さて、宮沢賢治は、その人たちをどう観ているかっていうことなのですね。もちろん殺生の罪というのは、最悪の罪として賢治も観ているのですよ。そういう罪を犯している人を、ある一面許しているわけでしょう。あの世界では、別にそれによって、どうかなったわけじゃないですね。だから、鳥捕りは、自分の捕った鳥ですね、つまり殺生を犯したわけですね。それなのに、彼は咎められていないわけですよ。まあ、早く言えば許されているわけです。

なぜ許されているかっていう問題ですよ。彼は許されているでしょう。だって、自由にあの列車を出入りしているしね。自分が捕った鳥を、おいしいケーキにして、みんなに食べさせてあげているわけですからね。なぜ銀河鉄道に自由に出入りしているのは。

か。なんの咎めも受けていない。仏教の罪の中で、一番最悪の罪は何だったのかな。

太田　生きているものを殺す。

西郷　殺生の罪です。最悪ですよね。それを犯しているのですね。しかも、それを商売にしている。その彼が自由に出入りしている。別に何か罰を受けていますか。

太田　受けていないですね。

西郷　なぜですか。これがわかればたいしたものだ。

太田　食べられる、おいしいものに変えているから。

西郷　その前に殺しているのですよ。殺しているわけです。殺生の罪が最悪なのですよ。だけど、殺生が許されているわけです。許されているわけですよ。なぜですか。

太田　そういう人がいないと……。人間はそれを食べて生きていくわけだから。だから殺生は許されている。

西郷　違う。食べている方ですか。その意見はちょっと弱い。狩りをしている人間がですか、それともそれを食べている人間がですか。それを店で買って食べている。そこにあるわけですよね。そこに、生き物を捕まえる人と、それを買って食べる人がいる。どっちですか。

太田　普通私たちは買って食べる。

西郷　それは罪がないのですか。

太田　生きるためには仕方がない。

西郷　そのために罪を犯してもいいの。

太田　罪を犯してはいけないけど……。

西郷　誰が罪を犯している？　猟師ですね。

太田　鳥を捕る人は罪を犯している。

西郷　じゃ、鳥を食べる人は？

太田　罪を犯している。

西郷　罪を犯しているの？

太田　罪を犯しているでしょう。自分の手で殺しているわけではないけれど。

西郷　でも、おまえ捕ってきてくれと頼んでいるようなもんでしょう？　ちがう？

太田　自分の犯す罪を人に頼んでいる。

西郷　頼んでいる？
太田　頼んでいるわけではないが、まあ、役割分担をせざるをえない。
西郷　それはあんたの都合。
太田　むずかしいなあ。
西郷　そうですよ。
太田　殺生することは、最悪の罪なのですよね？
西郷　そう。
太田　でも、それをする人がいないと、私たちは自分の命が続かない。ということは、最悪の罪を犯しているという延長線上に私たちもいる。
西郷　何が延長線上だ？
太田　私たちも罪を犯しているということになりますよね？
西郷　「私たちが」罪を犯しているのです。
太田　私たちが罪を犯しているということになる。
西郷　実際に、鳥を捕まえる人は何ですか。
太田　私たちの代わりに、その人がしてくれている。
西郷　道具みたいなものですよ。その鳥を焼き鳥にして食う人が、その人に鉄砲を持たせて、捕ってこさせているのですよ。自分で召し使いとしてそれをやらせているわけではないですけどね。
太田　鳥捕りは、私たちの道具のようなものである。ということは、私たちが殺生をしているということですね。
西郷　そうです。その代わりその罪を引き受けているだけなのですから。鳥を捕る人も、魚を捕る漁師も、そうしないと生きていけない。生きていくためには、それをしなければならない。そういう人たちなのですね。宮沢賢治も、仏教も、宗教家も、すべて命を大事にする。生物の生命ですね、人間だけじゃなくて。だから殺生については、最悪の罪なのですね。その最悪の罪を、日々犯している漁師とかがなぜか許されるのですね。そこが問題。すごい問題でしょう？
太田　自分にどど〜っと重くかかってきますね。
西郷　一番最悪の罪、殺生の罪を犯している。なのに、殺生の罪を犯している鳥捕りや漁師が、なぜ罰せられないのか。どこにも罰せられたとは書いてないでしょう。殺生を許しているんじゃないですよ。許しているんじゃないけど、罰してもいない。なぜか？　本当に悩ましい問題ですね。それをどう考えたらいいのか。読者が問われている問題。

太田　つまり、自分たちが罪を犯している。その道具として鳥捕りや漁師は殺生している。それを生業としているということですね。

西郷　だから許されている。道具だから、我々の代わりにやっているんだから。

太田　罪はない。殺生は最悪の罪なのに。

西郷　日本の軍隊はどうだった？　中国へ行って殺しましたね。あれは、しょうがない。罪はないと……。

太田　あるでしょう。だから戦後罰せられましたね、一部の人たちだけ。

西郷　仏教、法華経の話をしてるのですよ。

太田　その兵隊たちは道具として戦地に送られ、そして最悪の罪、つまり殺すということをした。兵隊についで言えば、殺生どころではないですよね。殺生というのは最悪の罪なんだけれども、最終的には生きるために他者を殺して食べるということになるので、許されることになると思うけど、戦争における兵隊に関しては少し違う感じがしますが。

西郷　戦争のような異常な場合は違うけれども、肉屋で肉を買って食っている。つまり、だれかが殺して食っている。戦争じゃないよ。それは罪にならん？

太田　罪になります。

二〇一七年四月六日

十界互具

太田　宮沢賢治はこの「銀河鉄道の夜」の中で読者に何を伝えたいのかと、先生が私に質問されました。その答えは、本当の幸せ。ちがいますか？

西郷　そうですね。いいですよ。

太田　質問があります。銀河ステーションで、ジョバンニは列車に乗り込みますね。カムパネルラが差し出した地図の中で、十一の停車場や三角標というのがあるのですけど、なぜ十一の停車場というように

「十一」という数字が出てくるのかということ。
「十一」という数字は何か意図しているものがあるのでしょうか。「十」という数字と何か関係があるのでしょうか。

西郷　ちょっとわかりませんね。

太田　ジョバンニの切符には〈十ばかりの字〉と書いてありました。十ばかりだから、九かもしれないし、十かもしれない。あるいは十一かもしれない。

西郷　はっきり十と書くと何ですから〈十ばかり〉と書いたんじゃないの。

太田　十というと「十界」ですよね。

西郷　「十界互具」を言っているのですね。

太田　「互具」とはどういう意味ですか。

西郷　「互いに具わっている」。つまり、十界とは、一から十まである。それぞれにまた十あるから、一〇×一〇＝一〇〇ある。「十界」というのは、世界が十ある。そしてその一つひとつの世界がさらにまた十に分かれる。

太田　へえー。

西郷　一〇〇界ある。

太田　地獄から仏の世界まであるのですけど、この「銀河鉄道の夜」を読んでいると、その世界を行ったり来たりというか、自由気ままと言ったらいけないのでしょうが、一瞬にして修羅の世界にいたりとか、一瞬にして天上の世界にいたりとか、一瞬にしてあっちへ行ったり、こっちに来たりというふうに感じるのです。

西郷　そう、そのとおり。

太田　現実の世界と異次元の世界を、自由気ままに行き来します。つまり現幻自在の世界。まるでパラレルの世界を自由気ままに行き来します。

西郷　私たちの気持ちがそうなのですよ。今まで穏やかだったのが、次の瞬間カーッと怒り狂って、人を殺すということがありうるでしょう。その状態ですね。人の心が、仏の心から地獄まで一瞬にして変わるということですね。

太田　その心の状態が「十界」ある。そして心の状態があっちへ行ったり、こっちへ来たりするという心の状態があるということ。

西郷　そうそう。その中の一つ一つにまた「十界」があるわけですよ。

太田　「十界」の中にまた「十界」ということがよくわからないのですが。

西郷　一つの気持ちがあるでしょう。そして、その中にすぐまた分かれて……。人間の気持ちは瞬間、瞬間に変わるということなのですね。

太田　地獄界があって、その地獄界の中にまた「十界」あるとは考えられないのですけど……。

西郷　人間の気持ちは本当に目まぐるしくねぇ。

太田　目まぐるしく変わるということですね。

法華経の神髄

太田　宮沢賢治は「本当の幸せ」とは何かを伝えたいのですかね？　日蓮の宗教哲学に合致しているのでしょうか。

西郷　日蓮は佐渡島に流されて、ずっと深く深く考えて境地に到達したわけですね。その最終的な考え方には納得できる。

太田　佐渡島という土地が、そのようなことを考えさせる雰囲気があるのではないのですね。島流しですよね。

西郷　内地に帰ってくるという希望はなかったわけです。その土地で、法華経の世界、その神髄をね、これこそ法華経に通ずる一番大事な考え方に至ったのが彼だったわけです。

太田　これが法華経の神髄だというのが、言葉でいうと「南無妙法蓮華経」ということになるわけですね。

西郷　そうです。

太田　内容を簡単に言うとどうなります？

西郷　簡単には言えないが、「南無妙法連華経」だけが唯一の教えであることを信じたわけですね。信じるに至ったわけですね。本当に、そうしか言えない。いろいろなお経があるけど……。

太田　浄土宗は「南無阿弥陀仏」と唱えると、極楽へ行けるという教えですよね。ところが「南無妙法連華経」と唱えたからと言って、極楽へ行けるわけではないのですね。

西郷　題目ではないのです。とにかく、どんな時でも「南無妙法連華経」に戻りなさいと言ってるわけです。法華経に戻りなさいと。いろんなところへ行かずに、「南無妙法連華経」一筋に信仰しなさい。それだけが救いなのだと言ってるわけです。

太田　賢治はそれを伝えたいと思うのですが、西郷先生が就実高校での実験授業で使われた詩「永訣の朝」を賢治は、妹トシが亡くなって何年かして、この詩を詠むわけです。その授業で西郷先生は、「宮沢賢治でさえも、トシが「南無阿弥陀仏」と唱えれば極楽へいけるのではないかと心が揺れていた」と言われました。あの時の授業を思い出して、宮澤賢治でさえも、自分の持つ信念が、死にゆく愛しいトシを前にして揺れていたのだということを勉強して、なるほどと思いましたが……。

西郷　あの時はね。その後です。

太田　「銀河鉄道の夜」では、賢治の心の中には迷いはなかったのですね？

西郷　ふっきれたわけです。

太田　ふっきれたわけですか。

西郷　もう「銀河鉄道の夜」の時には、彼は納得したのだね。

天気輪と三角標

太田　もう一つ質問があります。銀河鉄道に乗る前にある〈天気輪〉という言葉ですが、調べてみると天気論というのは、輪廻思想のシンボルであるとか、キリスト教ではヤコブの天の門の意味だとかいろいろと説があるようです。この天気輪をあえて出したのは、宮澤賢治の文語詩の中で「あえぎて、おかをおり、地表をのぞむ五輪塔」とか、最終的には「あえぎてくれば丘のひら、地表を望む天気輪」と謳っているからです。五輪塔が天気輪になっているのではないかというふうに書いている人もいるのですが、ここの天気輪というのは、どういうシンボルだとお考えですか。

西郷　ちょっとわからないですね。

太田　天気輪は、こちらの世界とあちらの世界の間にあるようなものとされるのですが、それでいいのかなあ。

西郷　はいはい、それはありますね。気象的な、あちらの世界でも見えるというつなぎのようなものですね。イメージが変わって見えたっていうことでしょうね。

太田　天気輪も三角標も、こちらの世界とあちらの世界のつなぐようなところにある。

西郷　そうです。こっちではそう見えて、あっちではこう見えるということ。一つのものが少し違って見えるというものですね。地上の世界では単なる天気輪なのですが、あの世へ行くと違ったものとしてあるのでしょうね。

太田　銀河ステーションで銀河鉄道に乗って、三角標が何回か出てきます。たとえば、〈燐光の三角標〉というのが出ているのですが、これは墓標ですか。

西郷　墓標ではない。世界の道具立てですよ。

友達とのつき合い、人間のつき合いですよ。相手を生かして、自分も生きるという生き方。これが一番大事なのですね。それが悟りの世界。仏になったということ。これが信仰の世界。これが幸せの極致ですね。人も喜び、自分も喜ぶ。これが大切です。

太田　この時の主人公はジョバンニでいいですよね？

西郷　そうです。そういう瞬間が来ますね。こういう状況が救いの姿だとわかると書いてある。

太田　その文章はどの辺ですか。

西郷　あとの辺。

太田　銀河鉄道を降りた時ですか。銀河鉄道に乗っているときですか。ジョバンニは元の世界に戻ってきますね。〈草の上に眠っていた〉とある。そして、牛乳を取りに行って、帰ると川にカンパネルラが落ちていた。

西郷　帰る前ですよ。目の前に文章がないからわかんないけど、書いてある。いろんな状態がいくつかあってこの状態こそが救いの状態だと、わかるように書いてあるよ。はっきりわかるように書いてあるんだが、わかんない？　人間が救い、救われるとどうなるのかというと、こういう状態のことなんだなあ。

太田　それは、銀河鉄道に乗っている時ですか、そのへんですよね？（**西郷**　そうそう）銀河鉄道を降りた後は違いますよね？

西郷　いろいろ説明がされていると思うのですよ。

太田　探して明日答えたいと思います。

西郷　ここに、救いの状態がどういう状態かを書いている。

太田　どういう状態かを書いている？

西郷　私たちがね、救いの世界、救われたと思うのは、どんな気分、どんな状態をさして言っているのか。

太田　それは、晴れ晴れした、満足感でいっぱいの状況でしょうね。

西郷　そうです。書いてある。

太田　よく読んで探してきます。

（先生の足や肩などをマッサージ。「気持ちがいい！」とのことで、この後から、聞き書きの際は必ずマッサージをすることにした。）

二〇一七年四月八日

太田　先生、救いの状態を書いてあるところがわかりません。

西郷　**（文章から探すが見当たらない）**

　この鳥捕りは…もっと後だな…この主人公…私というものをなくしてつき合っているという、そこに救いの姿があるということを書いたところはありますかね？　いろいろ並べて（咳き込む）こういう友だちとのつき合い方…五つか六つ並べ…これはまさに一番いい状態のところがあるのですけど…後の方で…気がつかなかったですかね。

二〇一七年五月一一日（一度目）

「本当の幸せ」とは

（看護師に髭をそってもらっている）

太田　「本当の幸せ」とはなんですか？

西郷　仏教的に言えば、良寛和尚のように菩薩になることです。菩薩になるということは、いろんな縁がきて、すべてが一つになることです。

太田 高木仁三郎先生はご存知ですよね。

西郷 もちろん。

太田 原発のゴミのことで私たちもおつき合いがあったのですが、高木仁三郎先生が『宮澤賢治をめぐる冒険―水や光や風のエコロジー』（社会思想社・一九九五）の中で、時の流れとか水の流れとかいったものが、福岡伸一さんも『動的平衡』（木楽舎・二〇〇九）の中で書かれているように、生きている、死んでいると分けないで、一連のものであると言われています。それは菩薩ということと同じように聞こえるのですが。

西郷 高木さんは、仏教のことがわかっている。

太田 まだお若いうちに亡くなられましたがね。

西郷 科学者で仏教のことを知っている人はあまりいない。

太田 ジョバンニが「本当の幸せとは何か」と聞いたら、「ぼく分からない」とカムパネルラが答えます。ここは大事なところなのですけど、高木先生も言われているし、西郷先生も言われているので、よくわかるのですけど。

西郷 相手も幸せになれば、自分も幸せになるのです。ここが大切ですね。

太田 （高木氏の前掲書から抜き読み）〈おそらく、宮澤賢治が言いたかったことは、生と死の出会いということでしょう。たぶん、トシの死を経験して、人間の死は、ここからが死で、ここから先が生というふうではなくて、一つのつながりの中に存在している。ある時、私の命を絶ってしまう。そして、私が無になる、と考えると、本当にむなしくやりきれなくなると思うのです。そうではなく、今私がここにいるのは、一つの生命の長い歴史の中のある一瞬を担っているのであって、私が死んでも、また新しい生命がたくさん生まれてきて、新しいつながりが生まれてくると考える。おそらく、そういう生命のつながりのことを考える時に、生と死という厳然とした区別の恐怖がふっきれる。やはり、トシの死ということを吹っ切った宮澤賢治が、あたらしく開けた

世界で、書いているのではないか。〉
水のことについて、水と時空についても、かなり書かれていますね。

西郷　まあ、珍しい人です、科学者にしては。科学者として、宮澤賢治について書いた最高の人でしょう。

太田　私たちはそんなことも知らないで、脱原発のことでしかつきあっていなかったので、今考えるともったいないなと思います。

西郷　そうかあ、まあ、後からわかってもいいんだ。

二〇一七年五月一一日（二度目）

菩薩になる

太田　「本当の幸せって何ですか」と伺ったら、「菩薩になること」と言われましたよね。

西郷　お経の考え方を言ったのですよ。僕の考えじゃなくて。

太田　先生の考える「本当の幸せ」って何でしょうか。

西郷　菩薩になるということです。菩薩になるということは、人のために働くということ。それは自分の幸せでもあるということ。

太田　人のためにすることが、結局自分のためにもなると今朝（五月一一日の一度目）言われましたよね。

西郷　自分の喜びにもなるということ。それは、あのお経の一番言いたいところですね。

題名について

太田　「銀河鉄道の夜」というタイトルのことなのですが、「夜の銀河鉄道」ではないですね。タイトルにはどんな意味があるのですか。

西郷　鉄道を説明しているわけではないんだ。不思議な夜に起きたことで、幸せとは何かということをわかってもらいたいという作者の願いですね。だから「銀河鉄道の夜」なのです。

太田　文章の中に、水がよく出てきますね。水の流れとか、水の中とか、光とかいった表現がたくさん出てくるのですが、どういうふうにとらえればいいのですか。

西郷　それは宇宙を成り立たせている根本のもの、それを暗示しているのですよ。今の科学もそれを言っているわけなのですね。

太田　銀河鉄道に乗っていくときに、鳥捕りも、タイタニックで亡くなった人たちも、列車の中にいたりとか、列車の外にいたりとか、自由自在に移動しますね。何か理由があるのですか。

西郷　それなりに理由はあるでしょうね。ファンタジーですからね。宮澤賢治はファンタジーとしてそれを書いているのですよ。

太田　鳥捕りにしても、鳥を捕る人というよりも、あっちへ行ったりこっちへ来たりしているような、ものが自由自在に、ここにあるものが、次の瞬間こちらに来たりとかするのですが、どんな感じなのでしょうか。

西郷　要するに、宇宙をイメージして、宇宙は何でできているかという、まあ、空気とか、酸素と水素の化合物の水といったイメージじゃないのですかね。宇宙を成り立たせている連鎖とか。最後のところで、本当の幸せは何かっていうことを具体的に答えているよね。自分だけという形では来ないと。みんなの幸せを願って初めて、本当の幸せはあるのだという考え方ですね。

（介護士入室、病室を替わる。新しい病室で再開）

ジョバンニの切符

太田　ジョバンニは相手を理解して、自分も生きるという、今先生が言われていたように、まさにそのような境地になれたのは幸せの極致ですね。そのように救われている状態を表しているところが、文章の中に書いてあると言われたのですが、救いについて書かれている場面はどういうふうなところなのでしょうか。カムパネルラとジョバンニが銀河鉄道に乗って行きますが、文章の中に救われたような平穏な状態の箇所があるだろうと以前言われたのですが、救いの状態を描写しているような文章というのは見つけることができませんでした。

西郷　ふーん、あるでしょう。あなたには見つからなかったのでしょう。

太田　いろいろと考えたのですが、見つからなかったのです。

西郷　そのうちに明らかにされてくると思います。最後には、いろんな仲間たちが、いっぱい出てきますよね。あの中で、どういうふうに、ジョバンニだけが幸せであるかがわかるでしょう。自分も人も、共に幸せである。これは最高であると言っているわけで、テーマはそこへ集中するわけです。

それは、例の緑の紙の中にね、ポケットに入っていたでしょう？　この世は、「十界」に分かれていて。

太田　「十界互具」ですね。

西郷　気がついたら自分の胸の中にはいっていたとありますね。あれは何だと思いますか。

太田　ジョバンニが、自分でその切符を胸に入れていたわけではないが、自分が意識すると切符がそこにあり、自分が意識しないと切符はそこにない。

西郷　元々は誰もが持っているものなのです。

太田　意識するかしないかで、あったりなかったりする。

西郷　そうそう。そうです。

太田　わかりました。すっきりしました。元々持っているものなんだ。そう。ただそれを気づいていないだけなんだ。

(西郷京子さんが対話に参加)

京子　そういう話は、前に聞いたことがあります。

西郷　原理です。人間共有の原理なのですからね。誰もが持っているのです。あなたも、私も。気がつかないだけで。

ほとんどすべての問いに答えたんじゃないかなあ。

(看護師　調子は？　イチゴを食べたしね。)

京子　野沢さん（大阪文芸研）にも言わなかった。野沢さんが「エキスだけでも聞きたい」ってお願いしたのに、会長は「言わない」と言って、宮宗さん（広島文芸研）が「え～っ、墓場まで持っていくの。」と言ってましたよね。

西郷　じゃない、じゃない。

太田　みんな訊いているのに、「俺は、冥土の土産に持っていく」と言われたらしいですよ。

西郷　え〜っ、あの中で？

太田　秘密だと言って、宮宗さんや野沢さんにも言わなかったらしいんだけど。

西郷　あの中で？

京子　エキスだけでも教えて下さいよとお願いされたのに。

太田　そう言ったら、「秘密。いやだ。」と言われたらしいですよ。

西郷　彼らに、「何だろう」と考えさせようと思って言ったんだよ。

太田　意地悪ですね。

西郷　もう全部話したんじゃないかな。まだあるかな？

ファンタジーとリアリズム

京子　この「銀河鉄道の夜」の設定は、無国籍のようだし、外国のようでもあるのですけど。

西郷　おとぎ話だから、ファンタジーだから。

京子　カムパネルラとかジョバンニとかという名前はイタリア人の名前ですよね。

西郷　そう、イタリア。

京子　その二人の名前には特に意味はないですか。

西郷　大した意味はない。

京子　甲矢人（はやと＝夫妻のご子息）が「著名な哲学者らしい」と言っていたけど。

西郷　それほど大きな問題ではない。

京子　ファンタジーであり、外国のお話のようでもあるが、法華経の話でもあるわけですね。

西郷　そうだ。

京子　「やまなし」なら日本にありそうな谷川だし、「風の又三郎」だって日本の風土の中の話だと感じるいすが、「銀河鉄道の夜」だけは、日本を離れて、飛び出したように思えるのですけど。

西郷　ファンタジーの中で、作者は言いたいことを言いたいわけで、そのためにファンタジーの世界を作って……。

京子　「風の又三郎」もファンタジー？

西郷　あれは、リアリズムだ。

京子　ファンタジーも部分的にはありますよね。「銀河鉄道の夜」は全体がファンタジーなんだ。

西郷　作品全体がファンタジーなのです。「風の又三郎」は全体がファンタジーじゃないよ。リアリズムの世界を裏返すとファンタジーの世界なんだ。早く言えば、溶け合ったもう一つの世界なんだ。やっぱり宮沢賢治は天才だねぇ。俺は逆立ちしても書けない。研究や分析はやれるけど、こういう才能はない。やっぱり上手いものですなぁ。ああいう世界を、あのように書くってことは、やはり天才ですねえ。まだ他にも宮沢賢治についてはいろいろしゃべりたいことがあるけど……。

太田　西郷先生がおっしゃっているように、意識すれば「ある」し、意識しなければ「ない」。まさにそこですよね。

賢治は天才

西郷　ファンタジーの作者っていうのは、特別な頭を持ってますね。こちらが現実、こちらが幻想、両方・両面（二相ゆらぎ）。宮沢賢治をここまで分析できるっていうのも、俺って天才だなぁ。

太田　西郷竹彦、自分を語る。天才、西郷！

西郷　俺は、たいしたことはないよ。しかし、彼は天才だよ。あの当時、全部書いたんだよ、一年間で。そうそう。最晩年の作品。たいしたもんだ。

京子　銀河に鉄道を走らせるっていう発想がすごい。

太田　思いつかない。

西郷　ある駅で降りたら何もないんだ。生き物らしいものは。

太田　銀河鉄道って、鉄道であるようで鉄道ではないですね。宇宙へつながっている大きな流れのような感じがしますね。

西郷　いやぁ、宮沢賢治は天才ですよ。あれは、一世紀に一人出てくるか来ないかの……。

京子　宮沢賢治に並べてもいいような天才ってほかにいます？

西郷　日本に？　もし取り上げるとすると誰かってい

うことでしょう？　明治の作家だと夏目漱石ぐらいだなあ。私は、漱石については、誰もやっていない決定的なものを持っているのですよ。これはいずれノートを起こしてやろうと思っているがね。しかし、芥川は技術的には高いが、賢治や漱石とは並べられないなあ。宮沢賢治が最高ですね。

太田　宮沢賢治に聞かせてやりたかった。

西郷　あっという間に書いたんだからね。わずか一年ちょっとの間に、この作品を、ぱぱぱーっとね。

京子　他に言いたいことはないですか。

西郷　「十界互具」の話はしたかな？（**太田**　はい）「一念三千」の世界は？　すべての世界。一つの思い（心）に三千の世界があるということ。

太田　「十界互具」のところで、掛け算をすれば三千ということですね。

西郷　対話形式で書いてください。

二〇一七年六月九日

太田　「銀河鉄道の夜」という本当にすばらしい作品を読ませていただいて、ありがとうございます。本当にすばらしい。

西郷　本当にすばらしいでしょう。まあ、休ませてください。

太田　また、来ます。ゆっくり休んでください。また来ますから。

二〇一七年六月一二日　午前一時五八分

西郷竹彦　永眠

※　テキストからの引用には〈　〉を付した。出典は『新校本　宮澤賢治全集』第一〇巻（筑摩書房・一九九五）

特集●西郷竹彦「銀河鉄道の夜」を語る・座談会

「銀河鉄道の夜」の謎

西郷甲矢人・太田芳治
太田顕子・芦田さやか
久米慶典・豊田佳香
宇都宮貴子・西郷京子

（岡山文芸研・牛窓サークル）

最後の宿題

西郷甲矢人　皆さんお忙しい中ありがとうございます。「『銀河鉄道の夜』の謎」というテーマでの座談会を始めます。これは、亡くなった西郷竹彦が死の前日までかかって、最後に言い残したことを太田さんが聞いてくださって、原稿の形になったものです。西郷竹彦の時間的・体力的な制約の中で、「とにかくこれを言っておかなければいけない」ということについてはおそらく本人は言いきっているんだけれども、それを私たちがどういうふうに理解していいのかという道筋というものが、全部はっきりしているわけではありません。むしろ、最期の、ある種の宿題として残されたような論考だといえるでしょう。そのうえ、宿題といっても完全にはっきりとわかる問題設問というのでもなく、どういうことが問われているのか、どう考えればいいのかということを含めて、解き明かすことから始めなければなりません。いかにも教育者らしくというか、最後に大きな宿題を残して逝ってしまったというところがあると思います。宿題の大きさが大きさですから、この座談会を通して、その謎をすべて解きあかすことができるかどうかわかりませんが、こういった問題はおもしろい、大切ではないかという問題があれば、出し合って話すことによって、少しでも西郷竹彦、宮沢賢治、もっといえば仏教であったりそれをも越えて広く、「本当の幸い」とは何か、という問題、そこにつながっていくのではないかと思います。

それではまず、今回「銀河鉄道の夜」の作品と聞き書き原稿をお読みになって、思ったこと・疑問点などを、一つずつでもいいですから、出していただければと思います。

十ばかりの文字・十界互具

太田顕子　「ジョバンニの切符の十ばかりの文字」っていうのが、どうも仏教のことであるようです。先生はそのようにとらえているけれども、賢治がはっきりとそう書いているわけでもないので、それってどうなのかなと思っています。

甲矢人　ジョバンニの切符に書いてあった十ばかりの文字。まさにそれは重要なテーマだと思うんだけれども、その意味を考えてみようということですね。

久米　以前、西郷先生から聞いた「十界互具」の意味ということで、「地獄界」から「仏界」まで十あって、それぞれの中に他の九界を、それぞれを備えている、含んでいるというのがありました。西郷先生の聞き書き原稿に書いてあったんですが、「我々の気持ちは目まぐるしく変わるでしょう」。それがその「菩薩界」の中にも「阿修羅界」があるということを、例えばそういうことだと思うんです。

これを読んでいくとジョバンニもカンパネルラもそうですが、気持ちは本当にめまぐるしく変わっている。そして賢治が使っている修飾語、〈せわしく、せわしく〉とか、〈にわかに〉とか、〈さっと〉とか、そういう非常に慌ただしい感情を表す修飾語が非常に多い。反対に、〈静かに流れていました〉とか、〈音もなく〉とか、非常に対比的に際立つような表現の仕方がある。考えてみるとなるほど、僕自身が気持ちが目まぐるしく変わっている。

〈本当のしあわせとは〉とか、学校で生徒にも言ったんですよ、「本当の幸せとは何か」と。「みんなが幸せになることだ」と言ったら、生徒が「またか」と言っていましたけど、三回ほど言いましたからあるクラスで。その瞬間に、笑い出したクラスもありました。そうかと思えば非常に腹が立って憤って、あるいは人をねたんで、胃がキリキリして落ち着かなくなってということが、まさしくこれは、自分がそうだな。そうなんだ、自分はこれでいいんだと、逆に安心もしました。その中でもやはりカンパネルラやジョバンニに語らせているように、それでも自分のことはどうでも人のためにと、そんなことを鳥を捕る男に対しても、ジョバンニにもそう思わせていますね。「気の毒だ」とかいうような、これはまさしく、賢治が読者に訴えていることではないかと思います。

甲矢人　今、久米さんが三つとても大切なことを言われました。一つ目の〈せわしく〉とか〈にわかに〉という表現は、「銀河鉄道の夜」だけではありませんが、非常に「無常迅速」といいますか、目まぐるしく変転する世界のあり方ということ。それが、特に今回の「銀河鉄道の夜」において、非常に重要になってくる。

二つ目に「意識」ですね。ふっとここにいたり、そこにいたりと、どこにいるんだろうと考え始めると、夜も眠れなくなってくるのですが、でも読んでいると、非常にスムーズに流れていくといいますか、銀河鉄道にすっと乗っていけるのだけども、ここはどこなのとか、ここは海岸じゃなかったのとかいうように、本当に目まぐるしく変転する。今「意識」とおっしゃった、その意識の有り様ということに対応して仏教で言えば「十界互具」のことを西郷竹彦は強調した。つまり、地獄とか餓鬼とかそういうあり方から、菩薩・仏に至るまで、そういうありとあらゆるあり方が互いに含みあっている。それがまさに、意識の在り方です。

そして三つ目に「菩薩」ですね。言い換えれば「本当の幸い」という問題、これは非常に大きな問題になると思いますので、特に後半議論になるのではないかと思います。

本当の幸い

宇都宮　「本当の幸い」とは、というのが出てきたのですが、第一稿から第三稿までの終わりは「その本当の幸福とは何かを、きっと探し当てるぞ」とジョバンニの会話文の中にあって、「お母さんのためカンパネルラのためみんなのために、本当のしあわせを求めるんだ」っていうような、筑摩書房刊最新の全集の第四稿とは、全然違う書き方をしています。その中に、ブルカニロ博士が、出てきてジョバンニに天の川の中で、「たった一つの本当の切符をおまえはなくしてはいけない」と言って、夢の中で決心した通りまっすぐに進んでいくがいいというふうなやりとりがあって、その切符に包まれた金貨で母に牛乳を買うという終わり方をしています。たいへん決意的な表明をして終わっていたのが、聞き書きのテキストとして引用された最後の第四稿では、カンパネルラのお父さんとのやり取りで、お父さんの冷静な態度で終わっているところは、なぜそんな終わり方にしたのかが少し気になりました。自分の子どもが亡くなったのに、また「遊びに来てくださいね。」みたいな話で終わっているんですよ。そこが、死をどう受け止めたらいいのかと疑問に思っています。

甲矢人　これはですね、私、少し考えるところがあるんです。実は「菩薩」ということにとても関わっているのではないかと考えています。このお父さんの態度、特に親であるとか教師であるとか、子どもに接している人からすると、「こんな冷静な」と引っかかるところじゃないか。また待っているジョバンニについても同様ではないかと思うんです。親友は亡くなっているわけですからね。しかし、それはどういうことなのかというと非常にひっかかるし、大事なところだと思います。

西郷竹彦が言っていたことですが、一般論としては、作品というものは作家がどんどん推敲していくと、どんどんよくなるんだけれども、賢治の場合には基本的にはどの稿もそれぞれにおもしろい。例えば高木仁三郎先生が引用しているのは、最終形態ではないもので書いていたりしますし、一概にこれが一番良いというわけではもちろんないと思うんですけど、ただそれぞれにいいという上で、この最後の稿で、その結末を書いたっていうのはやはり意義深いと思います。それはとても大事なことだと思いますので、是非あとでゆっくりと議論したいと思います。

菩薩になること

太田芳治　西郷先生は「本当の幸せって何ですか」と私に聞くので、逆に先生に同じ質問をすると、「菩薩になること」と何回も言われました。そう言われるとなんだか分かったような気になるんですが、「じゃあ、菩薩って何？」というふうに考えると全くわからない。それについても聞きたかったのだけれど、先生はもうそれ以上何も言わない。ただ、「菩薩になること」と言い切るのです。菩薩という意味がかなり、何かとの対比の意味ではなくて、何か広い深い意味があるのだろうなと今でも思っています。

また、ジョバンニの切符があるかないかとか、それを意識しているかどうかの問題というのは、すごく大きな問題だと思いました。そしてそれを、我々が、「意識」の問題として意識するかどうかっていうのが、逆に問われているという感じがしました。

それから数字で十とか十一という数字の問題に関してでも理解できてないところもありますので、それを自分たちでどう解釈するかということが大切だろうと思います。

ザネリ・鳥捕り・切符

芦田　大きなことは言えないのですけれども、読み直して思ったことが、まず最初に助けられたのがザネリなんだということです。ある意味皮肉だなと思いました。いじめていたザネリが助けられて、カンパネルラが死んだというのが、皮肉な感じがするなと思いました。

鳥捕りの場面で、この人は仕事として、生きるためにやっているかもしれないんですが、人のために鳥をとっている、いうならば、この人もやはり菩薩のような存在であるように思われます。しかし、馬鹿にされてしまうあたりにも、皮肉があるなと思っています。

次に、切符ですかね、どこでも行ける切符。その切符の場面を読んでいて、私はまだ切符を持っていないなと思っています。ジョバンニが、こんなふうにいろいろなことを考えられるから、この人のポケットには勝手に入っていたということなのかなと思っています。言語化できるのはこの三つかなと思っています。

甲矢人　これも重要な指摘ですね。これは、実は私も後で言おうと思っていたことなのですが、鳥を捕る人っていうのは、菩薩なのだと思います。いくつか状況証拠があるのですけれども、おっしゃる通りだと思います。ザネリという存在もとても重要ですね。一番最初から最後まで出てきます。

生死・殺生・スピード感

豊田　もう言われたことですけれど

も、大変なスピード感のある中で、扱っているのは「死んだり生きたり」ということですよね。随分大きな、それこそ二項背反的なものが、大変なスピード感の中でやり取りされている。先程のお話にも合ったように、鳥を捕る人もあっという間に出て行って、すぐ帰ってくるのですね。生死のやりとりが非常なスピードで行われていて、自分の親友（カンパネルラ）が亡くなったりすることもほんの居眠りしている間であったりしている。そういった、人間にとって一番重要な、あるいは仏教において最もいけないものとされている殺生が、ものすごいスピードの中でなされているというところが、不思議な感じがしました。

躓きの石

西郷京子　私も作品を読んでまず気になったのが、カンパネルラのお父さんの態度だったんです。でもやっぱりこれは一つの賢治の「躓（つまず）きの石」かな、と思いました。それは何故だろうか、「こんな冷たい人」と思って。

この人はとてもインテリのようですね。つまり、こういうふうに引っかかって考えて、このお父さんは、「輪廻転生」のことをよくご存じで、たぶん銀河鉄道のこともよくご存じで、そういう人だったのかなあと後で思い直したんです。この結末に、「えっ！」と思わない人はいないでしょう、親であったり教師だったりしたら。この聞き書きを読んだ後に、そういうふうに思い直しました。それが、いいかどうかわからないんですけれども、今私はそう思っています。

そして、それに関わってですけど、結局鳥捕りは殺生しているし、ジョバンニのお父さんも殺生をしているんですね。そしてジョバンニとカンパネルラだって銀河鉄道に乗っている二人の窓の外で発破かけがあり、魚が飛び上がっているのを胸わくわくして見ている場面もありました。そういう、自分は殺生をしないんだけど、肉を食べたりするし、それがお菓子のような、おいしいものになってきて食べているし、お父さんが殺生をした標本を学校で使って勉強しているし、しかもまた魚が殺されたのを見て大喜びしているという、ジョバンニもカンパネルラも、実際は手を下さないんだけれども、心の問題としては殺生をしている側の、つまり見殺しにする立場なんだなと思いました。他に、殺生にかかわる場面は、リンゴっていうのが出てくるんですけども、あれだって命ある植物なんですよね。命をいただいているわけですから。カソリックのタイタニックの子どもたちや、好青年である家庭教師の青年にしても、すべての人がりんごを喜んで食べるし、殺生というのは、とにかくどうしようもなく、人間界で生きている限り、どうにもならないものだなというふうに改めて思いました。

菩薩の姿

京子　聞き書きの中で「本当の幸いについて書かれているところがあるだろう」と会長が太田さんに言っていましたね。多分これではないかというのがいくつかあります。

たとえば、〈〔九〕ジョバンニの切符〉の章の、〈もうその見ず知らずの鳥捕りのために、ジョバンニの持っているものでも食べるものでもなんでもやってしまいたい、もうこの人の本当の幸いになるのなら、自分があの光る天の川の河原に立って百年つづけて立って鳥を捕ってやってもいいというような気がして〉とか。同じ章の〈わたしたちはもうなにも悲しいことないのです〉。これは青年が語る言葉ですが、〈わたしたちはこんないいとこを旅して、ぢき神様のとこへ行きます。そこならもうほんとうに明るくて匂がよくて立派な人たちでいっぱいです。そして私たちの代わりにボートに乗れた人たちは、きっとみんな助けられて、心配して待っているめいめいのお父さんやお母さんや自分のお家へやらに行くのです。さぁ、もうぢきですから元気を出しておもしろくうたって行きましょう〉と、子どもたちに言っているんですけれども、自分たちが先を譲って、自分たちは亡くなった人ですけど、そこに菩薩の姿が表れているのではないのかなあと思いました。

その後の〈その氷山の流れる北のはての海で、小さな船に乗って、風や凍りつく塩水や、烈しい寒さとたたかって、だれかが一生けんめい働いている。僕はその人にほんとうに気の毒でそしてすまないような気がする。ぼくはそのひとのさいわいのためにいったいどうしたらいいのだろう〉とジョバンニが考えているところがあります。〈ジョバンニは首を垂れて、すっかりふさぎ込んでしまいました〉〈なにがしあわせかわからないです。ほんとうにどんなにつらいことでもそれがただしいみちを進む中でのできごとなら峠の上りも下りもみんなほんとうの幸福に近づく一あしずつですから〉。これは灯台守が慰めて言っています。いろいろな人がそういうふうにわかっている、人のために身を投げだしてやることだと。

そして、次の行ですが、〈ただ一番のさいわいに至るためにいろいろのかなしみもみんなおぼしめしです〉と、また、先の青年が言うんです。それから、蠍のエピソードですね。〈むかしのバルドラの野原に一匹蠍がいて…〉というところ。ここにも、「よだかの星」のテーマにも似ているんですけど、自分の身を挺して自分の体を食わせてやって、その結果ずっと星として燃え続けているという、これも一つの菩薩の姿という、ここでは殺生と分かち難く絡まっている菩薩のことが書かれているところですけど、こんなところを会長は言っていたのかと思います。

それから、ジョバンニがカンパネルラに、〈カンパネルラ、また僕たち二人きりになったねえ、どこまでもどこまで一緒に行こう。僕はもうあのさそりのようにほんとうにみんなの幸のためなら、僕のからだなんか百ぺん灼いてもかまわない〉と言っているんですね。そして、カンパネルラも〈僕だってそうだ。けれどもほんとうのさいわいは一体何だろう〉〈僕わからない〉カンパネルラもぼんやり言いました。〈僕たちしっかりやろうねえ〉と言って、ジョバンニが胸いっぱいに新しい力が湧くように、〈ふうと息をし〉たってあるのですね。これは、喜びが体から湧き上がってくる様子ではないかなあと思いました。

菩薩の定義

甲矢人　ここまでの議論において、「菩薩」というキーワードがすでに繰り返し出てきました。これ以降議論を進めるにあたって、菩薩という言葉の定義っていうものを、まず確認しておいたほうがいいでしょうね。

本特集の「あとがき」でも書きますが、まず菩薩というのは、本来「自らブッダになることを求める存在」です。これが根本的な定義です。では「ブッダとは」というのが問題になりますね。ブッダとは、もともと目覚めた人という意味で、悟りを開いて、この世の真理に目覚めて、悟った。涅槃ともいいますね。ここで重要な点ですが、悟るということだけで言うと、ブッダ以外にもいっぱい悟った人がいるのです。というよりも、ブッダの弟子たちも、わりとポンポン悟るんです。出会ってその日に悟って、すぐ死んじゃう人もいる。ものすごく真剣に修行していてブッダに会って、「ちょっと質問があるのですが」、「ちょっと今忙しい」と、「いま時間もないから」というんですが、三回聞けば教えてくれる。それで対話して「あっ！　なるほど」とわかって、「ありがとうございました」。そこへ牛か何かが激突してきて彼は死んじゃう。でも、その人は解脱したということになっている。聞いた瞬間、悟る人もある。もちろん長年の修行の後にという人もある。

大事なことは、ブッダっていうのは、自分が悟っただけではなく、他者を悟らせる力があるのです。ブッダっていう人は自分が悟るだけではなく、その周りの人々、世界のあらゆる人たち、衆生を悟りに導ける人です。ブッダが生きている間っていうのは、ポンポン悟れる。ところがだんだん後々になってくるとなかなか大変になってくる。じゃあどうしたらいいのかという時に、自分一人悟ればいいというのではなくて、自分がどんなに力不足なのかよく分かっているけれども、自分が悟るだけではなくて、ブッダがそうしたように、他者の苦しみを取り除き、悟らせることができるようになろうという生き方をする存在が現れてくる。これを菩薩と言うわけですね。

かんたんに悟らない道

京子　ちょっといいですか。太田さんもいらっしゃらず、私と会長が二人だけの時に、私が「『雨ニモマケズ』の、〈私〉は菩薩の姿ですか」と聞くと、会長は「そうだ」って言ったんですよ。今の話を聞いて、なるほどって思いました。

甲矢人　もう少しつけ加えると、では、どうやったらブッダになれるかということですね。

ブッダというのは、あらゆる人々を衆生を救わなければならないので、悟るだけだったら原理的には自分だけでも悟れるんですけど、悟らせるとなると他者の身にならなければならない。人間であれ動物であれ、それぞれの境涯に行ったことがないと、その人の気持ちってわかりにくいですよね。ありとあらゆる生き物になって、ゴータマ・ブッダでいえば、鹿の王様だった時もあるし、ありとあらゆるものに輪廻転生しないといけない。だから簡単に悟ってはいけない。悟りそうになったらだめなのです。

あとちょっとで悟れるけれども、悟らずに煩悩を残して次の生にいくという存在。自分は悟り切らずに、次の世界、また迷いの世界へ飛び込んでいく、そして生まれ変わる。そういう存在です。だからなんで仏にならないか、悟ってしまわないかというと、簡単に解脱してしまうと、これは菩薩にとって死を意味するので、そうじゃなくて、ものすごくブッダに近づく知恵とものすごい行をやっていくのだけど、でもちゃんと輪廻しないといけない。

京子　でも、解脱が目的でしょう。

甲矢人　解脱が目的です。でも、すぐにはそうしない。すぐにゴールに行かないのは、解脱するだけなら自分はいいのだけど、他の人のことがあるんですよ。悟るだけじゃなくて、悟らせることができる人になりたいっていう思いをもつ。悟るということは、別の言葉で言うと、自らがブッダになろうとするというのは、自分自らを救うということだけど、ブッダが救われるということだけではなくて、他の人も一緒にということだし、もっと言えば自分がさっさと悟っては困るので、人を先に悟らせる。そういう生き方を決意した人のことを菩薩というわけです。

発菩提心

甲矢人　誰しも自分はもちろん幸せになりたいですね。自分は救われたいし、自分はもちろん悟りたい。けれどもさっと悟ってしまうのではなくて、ちゃんと他者、一切衆生も悟らせることができる人になりたいという、そういう願いを立てることを、「発菩提心」といいます。発菩提心することが、仏教では最大の不可思議というか、どうやったら発菩提心ができるかはだれもわからない。運命で決まっているわけでもない。自分の努力だけでどうにかなれるわけでもない。いろいろな縁がないとできないです。生まれる前から決まっているわけでもないし、自分勝手にできるわけでもないし、本当に奇跡的なことが発菩提心なんだけれども、まさにこのジョバンニとかカンパネルラの二人が経験した奇跡ですね、発菩提心しているわけです。繰り返しになりますが、まずおさえなければならないことは、菩薩というのは、どんな存在か。単に自分が悟るのではなく、人を悟らせるブッダになろうとする。そのためには、決して自分が悟ってはいけないということです。繰り返し生まれ、死んでは生まれ、死んでは生まれ、死んでは生まれ。菩薩というのはそういう存在です。ここをおさえることが、銀河鉄道の夜の謎にせまるカギだと思います。

銀河鉄道とは何か

京子　もう一つ問題を出してもいいですか。つまり、「銀河鉄道」って何ですか。

甲矢人　すでにいくつかとても大事な問題がでたわけですが、そもそも銀河鉄道って何なのだということはまさに核心的な問題ですね。

京子　日常の会話の中で西郷会長に、「私は、『銀河鉄道の夜』を特別講義などでぜひ勉強したい」と何回も言ったのです。賢治の作品の中で一番わからない作品だったので。長いし、読みにくいし、わからないなって思っていたので、何回も言いました。すると、西郷会長はこう言いました。「あの作品は、他の作品とは一線を画する作品だ。だから、そんなに早くやれない。取って置きにしてあるんだ。最後まで取っておく。この作品は本当に、本当に深いんだよ」と言っていました。ですから、なおさら私は早く聞きたいと思って、何回もお願いしたのですが、講義をするとは言わなかったです。それを最後の最後に、西郷竹彦の人生の最後の一日（六月一一日）に、私たちサークル員が集まって、ここで一生懸命この作品と格闘しましたよね。それも演出されたような気もするんです。

それに、西郷会長は、若い頃は私に「俺は無神論者だ」と言ってはばからない人でした。「死んだらおしまいよ」と言っていました。「死んだら終わりだよ。生きている間だけが人生だよ」そういうことを言っていました。

けれども、この一年、「あの世、あの世」ということを口にするようになったのです。私は、あの世を信じているんだ、じゃあ輪廻を信じているのかなあと思ったのです。そういう思いがあったものですから、この「銀河鉄道の夜」を何回も読んでいるうちに、この作品は仏教を飛び越えているのかなあという気がしてきました。「ハルレヤ、ハルレヤ」という歌を歌うカソリックの人もいるし。それまでは、法華経の教えを知らせるために作品を書くと明言していた賢治でしたけれども、この作品においてはもう他宗教も入れ込んでいる。それぞれにはそれぞれの降りる場所があって、降りたり乗ったりするのですけど、どこまでも、どこまでも行ける切符をジョバンニは持っていて、結局輪廻のことかなあ。輪廻の途中、死んだ人は必ず乗る。西郷会長は、やっぱり入退院を繰り返したここ一年の間に、死と向き合うようになった時に、この作品を非常に身近に感じて、彼自身の人間観・世界観の変化というか、変革とまでは言えないと思いますが、そういうものがあったのかなあと思いました。

「銀河鉄道の夜」が死後の世界。それまでの他の作品は、あの世のこともちょっとはあるとしても、みんな現実の作品、生きているものの物語だったのだけども、死者の物語っていうのは、他に私は知りません。あるのかもしれませんが。この作品は、死者の物語だなあ。死んだらどうなるのだろう。そしてあんなふうに、乗り物がやって来て、それに乗って、その中にはいろいろな人が乗っていて、その中で、殺生もあり、普通の人間のように十界の中でも、殺生も畜生道もあるのかもしれないと思いました。

輪廻ということ

甲矢人　そのとおりだと思います。まず「銀河鉄道の夜」というのは、やはり、この世界そのものだと思います。また最後にここに戻ってくるのだけれども、もう一つ「輪廻」という話が出ました。輪廻という考えを現代人が受け入れているとは限らないし、それを受け入れないからと言って、別に賢治の世界観がわからないわけではないと思うのですが、仏教というものは、もともと古代インドにおいて初めて説かれたわけで、その人たちとって輪廻とは完全にリアルなわけです。一方現代では、そのようなことはないと言いながらも、そうは言ったって生まれ変わるという感覚がなんとなく自然にある。私の姉が、偲ぶ会（二〇一七年八月の「西郷竹彦先生を偲ぶ会」）でも言っていましたけど、「西郷竹彦は終わらない」と言われると、「多分そうだろうなあ」という感じがするわけですよ。実際、終わらないから、こういった仕事をさせられているわけです（笑）。人の行い、言葉も行いの一つですけど、行いというのは、死んだ瞬間消えてなくなるような生易しい代物ではないということです。龍樹という人が見事な喩えをしているのです。ろうそくから次のろうそくへ火を移していくように、また、教師が生徒へ口移しで教えを伝えるように相続する。これが輪廻だと言っている。

輪廻という言葉をどんなイメージで捉えようとそれはそれでいいですが、少なくとも、そういった行いが次の行いを引き起こし、意識が次の意識を創り出していく、そしてそれが広がっていくというそのあり方は、現代人にとっても十分に理解できる。何かの行いが他の行いに受け継がれて、教えが受け継がれていくことは間違いなくあるわけで、それぞれのイメージを持ったらいいと思うのですが、輪廻というのを、そういう広い意味でとらえると、まさにこの世界というのは輪廻そのもの。善い行い悪い行いが、ないまぜになって、一つの行いは次の行いにつながって行き、一つの命が次の命に繋がっていくという。そういうあり方の中にあるという意味で「菩薩」や「輪廻」を使うことにすれば、決してせまい仏教的世界観というところにとどまらない。解脱というところにとどまらず、それを大きく超えている。賢治の作品全体そうですが、まさにこれは、この世界なんだ。

題名について太田さんが聞き書きの中で、「夜の銀河鉄道」でなくて、なぜ「銀河鉄道の夜」なのでしょうかと、とても素晴らしい質問をされています。それは鉄道を説明しているわけではなくて、まさに銀河鉄道というものについてというよりも、ある夜のものすごく奇跡的な出来事を語っている。それは、一種の「発菩提心」の奇跡であり、本当に奇跡的な夜の話なわけです。だから「夜」にかからないといけない。だから「夜の銀河鉄道」ではないのです。銀河鉄道を体験する、銀河鉄道として世界を経験する、本当に奇跡の夜の話なわけです。

銀河鉄道に乗って

京子　私は本当に救われたのです。夫西郷竹彦を亡くした日のことですが、私はその時、夫は銀河鉄道に乗っていったなと思ったら落ち着けたのです。本当に。

宇都宮　太田さんが聞きに行った時に西郷先生の調子に波があったというのも、最後の意識があるかないかで、銀河鉄道に乗ったり降りたりしていたみたいに本当に明滅というか、ゆらぎを繰り返していた頃なのではないかしら。ちょうどこの聞き取りの原稿ができあがったころですよね。

京子　亡くなってすぐ真夜中に電話しました。太田夫妻がすぐに駆けつけてくれました。お二人の顔を見たときに、本当に私は体中の力がぬけたんです。その時、顕子さんが「先生、京子さんを連れて行かないで」って言ったのね。まざまざと銀河鉄道というものをイメージしました。輪廻転生とか、あの世とかは、我々生きているもののための救いだなと思いました。

輪廻の仕方・菩薩のあり方

甲矢人　救いとなるのかどうかは、輪廻の仕方によるわけです。仕方によるっていうのは、インドにおいて、仏教において、輪廻は苦しみです。まずそこはおさえておかないといけない。

最近聞いた話ですが、一番苦しいのは、実は生まれる時らしい。インド人がどこでその情報を知ったのか知りませんが（笑）、母親がとても大変だけど、生まれる方はさらに二十何倍痛い。でもそこを乗り越えたと思えば、なんでもいけそうな気もする。困ったことに、また生まれなければならない。それはインド人にとって、また恐怖だったみたい。

顕子　この『銀河鉄道の夜』には、いじめがでてきます。いじめの問題で自殺する子どもがいますね。私は子どもに関わるＮＰＯにいるので、仲間と話をすることがあるのですけど、今の子どもはゲームのリセット感覚で死をとらえているという意見を聞きます。しかし、どうも腑に落ちない。その先にこの輪廻思想があるのではないかなと思う。今の自分でなく、もっと違う自分に生まれ変わるとか。若い人のコミックの中にもそういう場面がたくさんあるし、人気ですから。

甲矢人　それは、とても大事なポイントですけど、輪廻は、まずそもそもは苦です。だけど、輪廻の仕方によると言ったのは、その苦に主体的に飛び込んでいくのが菩薩なのです。いや、あえてもう一回生きてやろうじゃないか。つまり、世の中の苦しみを、少しでももっと良くするためには、この一生では足りないのだから、よし、また生まれ変わってやろうという感じです。

あえて輪廻しようというのは、仏教的には苦であるにちがいないわけですよね。苦というのは、死なないゃならないし、痛いということもあるし、思うままにならないものばかりで、どうしてこんな悲惨な目に遭わなければならないのかと思うわけです。また、生まれ変わった時には、どこに生まれるのかもわからないし、そういう絶望そのものです。だけども、それを自分で引き受けていく。何のためにと言えば、ブッダになるためにと、そのためにはどんな苦しみにも、主体的に飛び込んでまた違うステージでやるんだという、そういう本当に、「煩悩」と「菩提」というのが表裏一体となった、そういうことが菩薩のあり方ですね。

本当の幸いとは菩薩になること

顕子　聞き書きの中で、西郷先生が考える本当の幸せについて聞いているところがあります。先生の答えは「菩薩になるということです。菩薩になるということは、人のために働くということ、それは自分の幸せでもあるということ」と、わかりやすい言葉ですっきりと書かれていますけど、そういうふうに受け止めてもいいということですか。

甲矢人　そのとおりだと思います。幸せというのは、究極的には何かと考えたら、それは仏教的には悟りです。なぜかというと、輪廻は苦しみだから。菩薩として、あえて輪廻してやるんだという立場に転じる時、そこのところは本当に紙一重だけれども、苦そのものが、生きるっていうことが、輝き出す。西郷竹彦が「ほんとうの幸いとは菩薩になること」と言った部分の前後で、すごく満足感のある表現がありましたよね。たとえば、さっき京子さんが指摘された〈ジョバンニが胸いっぱい新しい力が湧くようにふうと息をしながら言いました〉というところが、さあ、やるぞっていう感じね。

「僕わからない」

甲矢人　ところで、その後もおもしろい。〈けれども、ほんとうのさいわいは一体何だろう〉とジョバンニが言いました。〈僕わからない〉カンパネルラがぼんやり言いました。ジョバンニが〈僕たちしっかりやろうね〉。非常におもしろい。「わからない」と言っているのですね。

　それはどうしてかというと、仏教で言えば、菩薩というのは悟っているわけじゃないからですね。悟っているわけじゃないけども、菩薩として生きていくって、そのこと自体が本当に尊い。それが幸いだということは、読者ならわかる。

京子　聞き書きの西郷の言葉で、「この状態こそが救いの状態だと、わかるように書いてあるよ、はっきりわかるように書いてあるよ」。それにあたるのが今の箇所ということ。

甲矢人　そうそうそう。要するに「発菩提心」すると、喜びが湧いてくる。それは経典にも書いてある。どんなみすぼらしい、どんなに力のない子どもでも、菩薩になろうと決めたら、その瞬間にすべての人間と神々の師（先生）ですと書いてある。そういう「発菩提心」した時には、ものすごい喜びが湧いてくるのだと言って、後世の龍樹（ナーガールジュナ）も言っています。

顕子　それって、人のために働くっていうこと。それが自分の喜びである。

京子　あなたがさっき指摘したとおり。

甲矢人　でも、幸いって何かというと、ほんとうの幸いって何だろうかと考えるじゃないですか。幸せってこんなものかなあと思うけど、世間における幸せなんて、ある意味では必ず失われるわけじゃない？

一同　そうか？　う〜ん。

甲矢人　いや、絶対失われるわけです。どんなに愛している人でも、あるやり方で別れなければならない、死別かもしれないけどね。そういうふうに考えると、それが幸せだと考えると、絶対失われるわけだから、そこまでいくと、幸せって言えるのか。それを全部わかりきってはじめて、幸いって言えるのではないのか。

京子　だから子どもにはわからないわけよ、そんなことが。このジョバンニとカンパネルラの状況でね。

甲矢人　しかも、誰も悟っていない。おそらく、世間でいう幸せっていうのをよく考えてみると、必ずそれを幸せって言っていいのかっていうことになる。でも、「本当の幸い」があるはずだと考えていくと、それはそれで結局、すべての人々に対して、種々のものに対して慈悲の心を持つ立場に立つことのみが、結局幸せなことになるだろうと。悟りと言ったっていい。悟りとは書いていないけど。

京子　太田さんが、かなり困って、「先生、本当の幸せってなんですか」と聞いているのだけども、それが一番のテーマですよね。

甲矢人　でも、西郷竹彦もわかっていなかったかもしれない。

宇都宮　これはもう、お経のようなやりとり。般若心経のようなブッダと弟子との問答のようにね。

京子　すごくおもしろいと思った。本当にドラマチック。

甲矢人　ただ、ブッダと違って西郷竹彦は悟ってないのでね。

良寛和尚のように

京子　次に西郷会長が言っていることには、「仏教的に言えば、良寛和尚のように菩薩になることです」とあります。だから私は「良寛展」を見に行きました。展示物は主に書だったのですが、書籍売り場に立松和平さんの本があって、その中に良寛が村の子どもたちに囃し立てられて、何度も苦痛をこらえながらのけぞって見せたことが書かれていた。つまり、身を挺して相手を喜ばせるために、人のためにすることが菩薩なのかなあと思いました。

甲矢人　良寛は道元の弟子ではないし、全然時代が違うんだけど、いわゆる私淑していたわけです。

京子　良寛は「災難は、会うべく時に会うのがよろしい。死ぬ時には、死ぬのがよろしい」と言っている。これが災難を避ける一番いい方法なのです、と。

顕子　すでに悟っているような気がするけど。

甲矢人　だけど、もちろんブッダではない。良寛は「菩薩」の典型だろうね。その話が彼の考えをよく表している。その菩薩の生き方が民衆に愛されたんだね。尊敬されたんだね。

顕子　聞き書きでは、その後に「仏教的に言えば、良寛和尚のように菩薩になることです。菩薩になるということは、いろいろなご縁がきて、すべてが一つになるということです」と書かれていますね。

甲矢人　先にも言ったのですけど、菩薩というのは、この人が菩薩になると運命として決まっているわけではなくて、自分の努力みたいなものだけでできるものでもない。何かこういろいろな縁があって、奇跡のようになる。これだけは、まことに不思議なことですが、現に菩薩はいるのですよ。そういう菩薩が生まれるわけ。そしてブッダをめざす。輪廻しながらね。

人間の尊厳

甲矢人　おもしろいことに、歴史上のゴータマ・ブッダに限らず、どういうわけかブッダというのは人間から出るのだそうです。もちろん動物やらいろいろ生まれ変わりながら経験を積むのですが、最終的には人間となって、そこからブッダが出てくる。不思議なことだと言われているのですが、それはなぜかという話も一応あります。

他の境涯は地獄にしても、餓鬼にしても、なかなかそこで修行するのはむずかしいし、天界だったら天界で幸せすぎて世俗的な場所で修行できない。ちょうど人間というのは、全部のことが入っているから、修行できる。

ところで、ちょっと余談になりますが、ここでイタリアのある思想家の話をします。イタリアというと、誰がどうみてもジョバンニもカンパネルラもイタリアっぽい名前ですよね。よくある名前みたいです。西郷竹彦が言っているように、名前はどうでもいいのですし単なる偶然かもしれませんが、おもしろいことに、ルネサンスの時代のイタリアにいたピコ・デラ・ミランドラという人が『人間の尊厳について』という本を書いていて、その中で「例えば獣というものはこういう性質、獅子というのは獰猛でとか、狐は狡賢くとか、天使っていうのは何をやってもいいことしかしない。というふうに決定されている。ただ、人間だけが、いいこともできるし、天使にもなれるし、悪いこともできる。つまり固有の性質を持たない。固有の性質を持たないということが、人間の尊厳。人間の世界における位置なのだ」と言っていますね。その思想と通じると思います。そして、そのピコ・デラ・ミランデラのファーストネームがジョバンニなのです。それは、偶然かもしれないけど、彼が言っている人間観も、非常に通じるところがある。それを賢治が知っていたのか、意識していたのかはわかりませんし、その方面の研究者に任せるしか方法がありませんが、少なくともイタリア・ルネサンス的な人間観とは、木に竹を継ぐようなものでは全然ない。以上余談ですけど。

ジョバンニの切符

宇都宮　質問があります。さっきのところで、京子さんから「銀河鉄道に死んだ人は必ず乗る。輪廻の途中で、どこで降りるか。十界のどこに行くか」という話がありましたが、五月一一日の聞き書きに「ジョバンニの切符は、もともと誰もが持っているものなのです」という西郷先生のことばがあります。

生まれたからには誰もが切符を持

っているということは、誰もが生まれたからには死ぬわけで、だから銀河鉄道に乗る切符を持っているっていうことかなあ。

甲矢人　それは言えますね。

宇都宮　意識する、意識しない、つまり菩薩に目覚めるか目覚めないかというのは、もうその人の因や縁やいろいろなものに、その人独自のものによる。それをジョバンニは持っていたということかなと思ったのだけど。

甲矢人　本当にそうだと思います。それに関わっていうと、「どこから来たの」と言われても、ジョバンニは答えられないですね。おもしろいことに、輪廻っていうのは始まりがないというのですよ。終わりは、その涅槃で終わりだけど、始まりがない。インドの輪廻の世界観では始まりがないのだそうです。

京子　私は、死んで輪廻が始まると思っていた。輪廻でこうやって今があると。

甲矢人　じゃあ、いつから生きているのか。これはもうわかんない。「無始」という。もう、これは始まりがない。そういうところに、さっき宇都宮さんが言っていたように「切符を持っている」という話に実はつながる。

「持っている」というのも、あったような、ないような、ある意味ではある。「ある」というのは、本当に生まれたからには死ぬし、死んだからには、また生まれる。それは厳然として苦しみであるけれども、でもそれは単なる苦しみかと言われると、そうではない。「発菩提心」する時に素晴らしい切符にもなる。本当にあれは素晴らしい切符だと言われますよね。何処へでも行ける。どっから来たかはわからない。「どこから乗りましたか」と言われても、答えられずにいる。「ああ、遠いところですね」、そういうイメージ。

また、電車っていうのは、賢治も電車が好きなようですが、すばらしいですね。輪廻の思想があった時に、電車などなかったけど。電車っていう比喩になるよね。誰もがそこに乗っていて、また、どっかで降りなきゃいけないし、そういう感じかなと思います。

午後の授業

甲矢人　では、作品の流れに沿って話し合っていきましょう。最初の「銀河鉄道の夜」というタイトルについては話しましたね。また戻ってくるかもしれませんが。その直後に来るのは、「午後の授業」です。皆さんいかがでしょうか。

芳治　最初に先生が言われたのが、いじめのことです。それは、最初から言われています。物語の出だしっていうのは、読者にとっては、すっと入っていけるようなものでなければいけないという意味においても、非常に入りやすい状況設定であると思いました。

甲矢人　本当にそうですね。いきなり「では皆さんは」というふうにすっと入っていけるように語られると、自分がその授業を受けている気持ちになりますね。見事ですね。さらにいじめの問題でもある。

宇都宮　今まで賢治の作品で、「猫の事務所」とか「よだかの星」とか、いじめをテーマにしている作品、テーマというかいじめのことが書いてある作品があって、「猫の事務所」にしても「注文の多い料理店」にしても、あまり良いとされない人物が最後にはすごく痛い目にあうというか、童話でそこまで書いていいのかというほど、ひどい終わり方をしています。たとえば「蜘蛛となめくぢと狸」は、争って、争って焼き殺す、ものすごく残酷な終わり方をするんです。でも、「銀河鉄道の夜」のザネリは助けられるという最後の終末があるところがポイントかな。「注文の多い料理店」では二人の紳士にはレッテルが貼られていて、顔が元に戻らない状態にされてしまう。命だけは助けられる救いのあり方が、賢治自身が変わってきているのかなとちょっと思います。

甲矢人　たしかに、そうだなあ。それらの作品の結末は結構すごいですよね。

宇都宮　童話にしては。

京子　ザネリのいじめって「ラッコの上着がくるよ」でしょう。叩いたりしないで、言葉で言って、ちょっと小悪い奴ですよね。

宇都宮　ありがちな人物ですよね。

甲矢人　賢治の他の作品に出てくる「ツェねずみ」だって、べつに大して悪い奴じゃないですね。

京子　でも殺されるよ。

甲矢人　「やまなし」でもそうだけど、ほほえましいといってすませてはいけない。どんな些細な悪も、悪としてちゃんと見るということが始まりなので、いじめはいじめ。とても、最初から最後まで感じ悪い奴だけど。

豊田　いじめの問題といえば、学校はとても身近ですけれども、いじめたり、いじめられたりする人たちは、結局いろいろですよ。ひどいことをするなと思う子で幸せそうだなと思える子どもは、今まで一人もいませんでした。じゃあ、いじめられている子が幸せなのかといえば、そうでもないし、結局ものすごく複雑です。極楽に行くのは善人でもいけるのだから、悪人ならばなおさら行くことができるという教えもあるじゃないですか。ザネリが救われるっていうことも、そこにつながっているのかなと思っています。また、善人だったこの親友の男の子も、おかあさんに会いに行けるという、それはそれで幸いだったりする。おもしろいし、不思議なものだなと思いました。

甲矢人　私も教師の端くれといったら端くれなのですが、教師のみなさんから見て、この作品中の先生はどう思いますか。

豊田　ぼーっとしています。

芦田　わりと無視しますよね。からかわれようが、何だろうが。

京子　真面目な人だと思う。よく気がつき、よく子供を見ている先生だと思う。そんなクラスのそんな先生でもいじめが起きる。私は結構いい先生だと感心するんですが。

甲矢人　賢治自身の反映だろうな。賢治自身が多分こういうふうにしていたんだろうね。

京子　「ジョバンニ」と言わないで、「ジョバンニさん」と言いますよね。

顕子　先生は教室の状況がいくらかわかっていて、だからここはこの生徒をあてて、ここはできるかなと思うけど、そこがまた微妙にうまくいかないっていう感じ。

甲矢人　いい先生だよね。文芸研にいそうな先生だね。

豊田　文芸研らしいよね。

天の川の水の中に住んでいる

宇都宮　授業の中で〈天の川〉のことを話題としてとりあげていますが。

顕子　でも最初は、これから始まる「銀河鉄道の夜」のイメージをつくるために天の川が出てきていると思う。

甲矢人　しかも、本当に大事な問題だと思うのは、この先生が天の川とはどういうものだと言っているかということなんですね。

宇都宮　「本当」というものは、なかなか何かとは言い切れないことを「今の科学では、こういうふうに考えるけど」というふうに天の川にたとえている気がする。〈本当の幸せ〉

と関連づけられます。

甲矢人　結論部分で先生が言う「つまりは私どもも、天の川の水の中に住んでいるわけです」というのはどういうことかというと、天の川っていったらどこかへ流れている川だと思う。でも我々はその中にいる。銀河鉄道っていうのは、この地球上から銀河に乗って空に飛んでいきましたというイメージかもしれませんが、そうではないと読者がわかるように先生に言わせていると思うのです。銀河の中に我々がいる。

　ですから銀河鉄道っていうのはこの地上界から、そのまま飛んでいきましたというのではなくて、この世が銀河なのです。よく考えてみると、この天の川っていうのは、この世界です。そういうものとして見なさいよと言っているのではないかと思います。

「午後の授業」の重要性

甲矢人　さて、このことをジョバンニも知っていたが、手をあげようとして急いでやめた。いじめっていう状況であるし、知っていたけれど言えない。

京子　やっぱり冷やかされて傷ついたら、そういう気力もなくなると思いました。

甲矢人　「哀れな」とか「惨めな」とか言っていますね。もう迷いの世界ですね。わかっているはずなのに言えない。

京子　ザネリという嫌な奴が助かるというのも、一つの「躓きの石」かなと思いました。なぜこの子が助けられるの？　と思いました。

顕子　こういう現実によくある割り切れなさが「銀河鉄道の夜」にはあります。だから、お芝居になったり、映画になったりしていると思うんです。災害の時になぜAが死んでBが助かるか。その境ってほとんどないわけです。ゆらぐような、どっちへ行くかは自分でもわからない。そういう意味でいくと、いじめた人が懲罰を受けるみたいな作品ではなく、どちらへゆらぐかわからない生と死。皮肉にもザネリが生き残った。

甲矢人　あまりにも現実世界に引きもどしすぎかもしれないけど、ザネリも大変ですよ。決して帳消しになるということは無いからね。「めでたし」というわけでもない。そしてまたそこも含めて、多分カンパネルラのお父さんはすごく配慮しているという気がする。「遊びに来てください」と言うわけですから、そういう憎しみの連鎖にならないようにしたということもあるかもしれません。

ジョバンニは朝にも午後にも仕事があって辛い。現在の大学で教えているとわかりますけども、朝のうちに仕事をして講義に来て、そして講義が終わるとまた仕事をするという学生を見ていると、普通にこういう生活はあると思います。決して良いことではないけれども、この作品がそのままこの現実世界に当てはまるし、生きるということが苦であるということを、あるがままに書いている。それがこの世界であり、それが銀河である。そういうシーンではないかなと思います。

芳治　この先生は細部にわたって気がつき、全体を助けようとしているのを感じますね。

甲矢人　それはある意味、振り返っているその姿は、やはり「菩薩」のありかたなのでしょうね。

顕子　最後に、この先生が、「今日はその銀河のお祭りなのです」と言い、まさにこの日に事件は起こる。

甲矢人　「外に出てよく空を御覧なさい」と言う。とても、大事なシーンですね。初読して、そして再読して読むと、いろいろと浮かび上がってくる。

顕子　午後の授業のところは、私もものすごく面白かったです。

久米　まったく気がつきませんでしたね。「銀河」や「ぎんが」のように表記の仕方が二相なので、そのことに気がついただけでした。

甲矢人　それもまた「銀河／ぎんが」に着目しなさいよ、という賢治の配慮かもしれませんね。非常に重要な場面であるということだと思います。

幻想第四次空間

京子　銀河と関連すると思うのですが、市民科学者・高木仁三郎先生が、『宮澤賢治をめぐる冒険』の中で、アインシュタインの特殊相対性理論を賢治はいち早く作品に取り入れていると書いているんですが、どの辺りのことかしら。

甲矢人　「銀河鉄道の夜」では、やはり〈幻想第四次空間〉というキーワードかなと思います。

「銀河って何ですか」という問いの答えは〈午後の授業〉で確認したのですが、先生が言っているように、我々の世界そのものなのです。世界は、遠いところに銀河が流れているのではなく、我々自身がその銀河の中にいるのですと言っているわけです。そういうことをふまえて考えてみると、〈幻想第四次空間〉とは、まさにこの世界そのものです。そしておもしろいことに、「幻想」というのはあるようで、ないようで、そういうものだということです。まざまざとしてないと、「幻想」とは言わないじゃないですか。でも「ある」のだったら幻想とはよばないでしょう。だから、「ない」ということはないけども、「ある」ということもない、というのが幻想です。普通の世の中でいうとね。すべてがそうなのだということです。

京子　「ファンタジーとは、現実と非現実のあわいに成り立つ世界」と文芸学では定義しているのですが。

甲矢人　ええ。ここで、まず現実をふまえるということが大切で、ここに実際苦しみがあるし、解決しなければならない問題があるわけで、全部「ない」ということではないのです。それは苦難だけども、それをちゃんと真正面からとらえ、菩薩としての生き方をすると、苦難だということがなくなるわけではないけれど、ものすごく胸いっぱいに力が湧いてくるような、そういうものでもあるわけです。輪廻は、さっき述べたような因果の連鎖として「ないことはない」。「では、あるのか」と問われれば、

「あることはない」。我々はずうっと苦しみ続ける存在なのか。いやそうでもない。まさに、「ないことはない、あることはない」。

京子　「生死一如（しょうじいちにょ）」とも言うし、般若心経に書かれているのは、苦しみとか悩みとかは、あってもないのと同じだって言うでしょう。

甲矢人　般若心経は、そういうことを観自在菩薩がシャーリプトラに「そうだよね」と言っているんです。

　菩薩というのは、この世界を幻のように見る人だという言い方もある。ここで注意しなければならないのは、「幻」というのは嘘だとか、あるいは違う現実世界があるのだとかいうのではない。幻は、現にまざまざと「ある」のだから。しかしそれは実体としてあるわけではない。だから問題を解決することはできるし、解決したとしたら、それはもともとあったわけじゃなくて、「ある」と感じただけとなる。

顕子　「現象」とは違うの？

甲矢人　そうそう、まさに「現象」ということですね。「実体」ではなくて。

　さあ、それでは懸案のというか一番大変な鳥捕りのところへいきたいと思います。

蝉が抜け殻を残すように

芳治　鳥捕りのところでは、私は西郷先生に問い詰められます。二人で話をしたことのない人にはわからないと思いますが、大変な緊張感でした。特に四月の頃、先生もまだ元気で、問答の形で私を問い詰めてくるのですよ。その時には「何でこんなことを引き受けてしまったのだろう」と自省の念が湧いてきましたね。

宇都宮　きっと悟らせることができなかった。もう一回苦しいけど生まれて来なくてはと西郷先生が思ったのでは。

芳治　わからせようとしてくれたのですね。仏のような人だ。

甲矢人　この座談会の結論としては、西郷竹彦は菩薩になろうと決意したと思いますよ。「発菩提心」したということですね。

京子　悟らせようとする表れかなあ？　野澤さんたちが五月にお見舞いに来られた時に、野澤さんが「銀河鉄道の夜」について「エキスだけでも教えてください」と言ったら、「教えない」と。宮宗さんが「墓場まで持っていくのですか」と言ったら、「そうではない。自分たちで考

えさせたいから」と。（聞き書きの全記録を参照）

甲矢人　菩薩というのもおもしろいもので、不思議なことが経典に書いてあるのです。「菩薩というのは、自分で生まれて、自分で死ぬ。生まれようとすれば、生まれるし、死のうと思えば死ぬ。死ぬべき時に死ぬ」んだって。それは、龍樹というすごく偉い人がいましたけど、その伝記なんかを見ると、二〇〇歳まで生きたらしいですね。坊さんが龍樹に嫉妬の目を燃やして、それを龍樹は憐れんだのです。お坊さんなのに、そんな怒りを表す姿を、彼は憐れんだわけね。坊さんに「お前、おれに生きていて欲しいか」って聞くと、「全然生きていてほしくない」と言うんだって。そのあと、龍樹が部屋の中に入ったら、もう出てこない。不思議に思って、数日して部屋の中に入ったら、もうそこにいませんでした、と。「蝉の抜け殻を残すように」去っていったという話があります。

菩薩というのは、人の求めに応じて生まれもするし死にもする。いつ去るかというのは自分で決める。決めて、またどこかで生まれ変わる。そういう「龍樹菩薩伝」というのがあるのですが、菩薩が死ぬというのは消えてなくなるのではなくて、どっかへ行ってしまったという表現になるのです。だから抜け殻はあるわけですよ。もういなくなってしまう。ブッダの場合は「入滅」といって、本当に涅槃に入るのです。菩薩は涅槃に入るのではなく、次の生へ、どっかへ行っちゃう。どっかに行って、またそこで何かの役に立つ。そういう生き方です。

京子　それを西郷は五月八日に娘の美炎子に話しています。美炎子が次のような文章を書いています。

《私は大人になり、離れていても、どこかで変わらず父は父らしく生きているという安心感があった。そして父が死んだいまも、なおそれがある。

どこかで西郷竹彦は西郷竹彦らしく生きている。父の遺言みたいなものだった。

「死んだら次の世界でやることがたくさんあってその先に更に次の世界があって、西郷竹彦は終わらないんだよ。永遠に続くんだ。」と、もう数日で死ぬ人が生き生きと言った。「次また必ず会いましょうね。向こうで。待ってるから。」

嬉しかった。万歳って叫びたいく

らいだった。もうこの世では会えないと分かっていたが、悲しくはなかった。寂しくはあったけど。それも束の間。西郷竹彦は向こうで生き生きとしていると思うと、負けてられないと思う。だから、浸っている暇なんてないのだ。》（「西郷竹彦を偲ぶ会」記念誌より一部引用）

菩薩としてのカンパネルラ

甲矢人　まさに「発菩提心」したわけですね。ここには「銀河鉄道の夜」の作品にも通じる重要な点が書かれています。

カンパネルラが見つからないですね。お父さんがきっぱりと言います。どこかへ行ったのですね。ジョバンニも、なんとなくみんなが探しているのをどこか遠い目でみているでしょう。カンパネルラも、また帰ってくるとでも思っているかのようでした。〈ぼくはずゐぶん泳いだぞ。〉と言って、出てくるかのようにみんな思っているようでした。「みんな思っているようでした」ということは、ジョバンニは思っていないわけ。あカンパネルラは列車に乗って行ったと思っているわけです。なぜなら、〈ジョバンニは思わずかけよって博士の前に立って、ぼくはカンパネルラの行った方を知っています。ぼくはカンパネルラといっしょに歩いていたのです…。〉と本文に書いてありますから。長くは説明できないけど、死んで滅びてしまったわけではないけど、カンパネルラはなすべきことを、なすべきタイミングでして、次へ行ったのだろうなあという了解というものが、親子の間であったのかもしれない。要するに菩薩っていうのは、消えてなくなるというのではなくて、抜け殻を残してどこかへ行ってしまうという終わり方をするのです。

菩薩としてのジョバンニ

京子　銀河鉄道のなかでは、何回も何回も「ぼくたちどこまでもいっしょに行こうね」とこだわって言っていたのに、現実に戻ったら何のこだわりもない。お母さんの牛乳のことを考えている。

甲矢人　それはなぜかというと、お母さんが待っているから。お母さんに幸せを与えるために、お父さんが帰ってくるよと言うために、一目散に河原を街の方へ走ったのです。お母さんも衆生の一人だからね。

カンパネルラのお父さんは、自分の息子カンパネルラが死んだという時、ジョバンニのお父さんのことを心配している。これもカンパネルラのお父さんは菩薩だね。つまり、他の人の幸せを考えて行動する。
ある意味では、カンパネルラとジョバンニは、「菩薩行」を一緒に行っているわけですよ。でも、全然違う所で生きている。そういう意味では、一緒に行っているけど、一緒でない。一人だけど、一人じゃない。〈まづもろともにかがやく宇宙の微塵となりて無方の空に散らばらう〉と賢治の『農民芸術概論要綱』の中にあるじゃないですか。菩薩というのは散らばらなければいけないのですよ。

京子　いろいろなところで救わなければならないからですね。

菩薩としての鳥捕り

甲矢人　世界中に行かなければならない。どっかのシーンで、鳥を捕る人の前のところかな、一目散に駆けって、これだったら世界中駆けられるんじゃないかという叙述があるじゃないですか。ブッダ自身も、三五歳で悟りを開いて八〇歳で亡くなるまでの四五年間、ずっとインド中を四方八方歩き回っていた。
そういう意味で見てみると、鳥をとる人がポンと入ってきたり出たりするのですね。みんなびっくりするわけですね。だって、「来ようとしたから来たんです」と言いますよね。この人は菩薩なのではないかと思っています。ですから生まれたり、死んだりできるわけですよ。非常に自由自在にね。罪を犯しているのだけども、自由に出入りしている。この存在は何なのだろう。
このことは太田さんが何回も問い詰められていますけど、これは西郷竹彦がとてもこだわっていることで、とても大事なところです。かつての西郷竹彦よりもさらに厳密になっているなと思うところは、「殺生は罪でない」という言い訳は一切なされないわけです。西郷竹彦は、若い頃から何回も殺生の罪については考えているでしょう。たとえば『虚構としての文学』(一九七一年・国土新書)においても。

京子　宗教家の人と対談していても、殺生のことは考えていたが、死刑廃止論者ではなかったの。

甲矢人　だから、すごい迷いの中にいたと言える。死ぬ間際に「発菩提心」したのですかね。「発菩提心」

したからといって、もちろん悟りを開いているわけじゃない。殺生の罪について言えば、『虚構としての文学』などでも、食べないと生きていけないのだからというような話をしていたわけです。殺生というのは罪だということは否定できない。一切衆生、生きたいわけですからね。それを奪うのは正義だということは、これは言えない。

殺生の罪をどう考えるか

宇都宮　これも賢治がずっと考え続けたことで、生きるためには食べなければならない。食べるためには殺さないといけない。じゃ、動物を殺さないで、野菜ならいいのか。でも植物だって生きているだろう。それで苦悩し、自分自身はベジタリアンになったものの、病いに伏してしまったわけでしょう。

甲矢人　たとえば「よだかの星」なんかもそうですし。

京子　その「よだかの星」については「非常に浅い」と西郷は言ってたの。教材的には別よ。作品論的には。

甲矢人　当時の西郷の考えですよね。

京子　そう、当時の元気バリバリの。あの世なんか信じない西郷竹彦です。

甲矢人　わりとその辺は西洋的だったよね。西洋的なのがいけないわけではないけど。

京子　生きるためには食べなくてはいけない。純粋な、仕方のない殺生というか。

甲矢人　ここでは非常に厳密に、殺生は罪だということを明確にしていますよね。ところが、その罪であることをしている人が、自由に出入りしているのをどう解釈したらいいのかということが、ここで非常に問題になってくる。ただ、西郷もわからなかったのかもしれない。「僕わからない」だったかもしれない。

京子　だから太田さんとの対話で、太田さんが「罪になります」と言ったときに、西郷会長は「そうだね」とも言わないし…。

甲矢人　みなさんはどう思いますか。殺生は罪だと言わなければならないけど、論理的には言わない可能性もある。この命はとっていい、この命はとってはいけないとどこかに基準を設けると、これは正義、これは正義ではないと言い始めることになり、その思考が重なれば「○○人なら殺しても仕方ない」となって、非常に危険な考え方になってしまう。人間ではないものの命なら奪っていいということなら、どこからどこまでが人間なのかという話になって、泥沼に陥ってしまう。

だから、最初の確認として、一生懸命生きたいと思っている命を奪うってことは、それはやはりどうしても悪であるとします。宇都宮さんが言ったように、生きているということは悪を犯し続けることで、生きるためだったら正当化することができるかと言えば、そうじゃないわけです。もう生きている時点で、もうすごく罪を犯し続けている存在ということになります。だから、苦しいわけじゃないですか。また生まれ変わって、また罪を犯す、また犯すと、無限に罪行が積み重なっていく苦しさがあります。

でも、菩薩というのは言ってみれば生まれ変わって悪を犯し続ける存在なんですよね。どんな菩薩といえども生きているわけだから、悪を犯し続けることを選ぶとも言えるわけで、生まれ変わることを決意するということは、そういう存在でもあるわけです。

この議論をふまえて、あらためて考えてみたいと思いますが、ここの鳥捕りってどういう人なんですかね。

もう一度、鳥捕りについて

久米　聞き書きの中で西郷先生は、漁師が魚を獲ってくれて、その魚を我々が食べる。つまり、漁師は、我々のために殺生してくれている「道具」であると言われています。我々の代わりに手を汚してくれている。作品中に〈…もうすっかりまりと同じいろになってしまうのでした〉〈あ、せいせいした。どうもからだに恰度合ふほど稼いでいるくらい、いいことはありませんな〉と何か含みのある表現があって、身の丈に合う、分相応なというふうに感じられるんですよね。

そして、最初に鳥捕りが出てくる時に、自分のことを〈わっし〉と言っていますね。なぜそういう言い方をさせたのか。自らを低く見ているような表現を使ったのか。また、カンパネルラが〈それは鳥じゃないだろうお菓子だろう。〉と言ったら、すぐに姿を消したとか。さきほど、最初に菩薩といわれたので、それにこじつけて言ったわけですが。

宇都宮　殺すことは罪だけど、食べ物を人に与えていることは救いなのかな。

甲矢人　食べ物を与えることは、よいことですよね。だが別にそれで罪が「帳消し」になるわけではない。

京子　この人の仕事ぶりも、なんだかきっちりしているし。

久米　サギだけ、表記が「サギ」と「鷺」となっていますね。どうしてサギだけそうなったのでしょうか。

京子　この作品の中には、そういった表記の揺らぎは随所にありますね。

甲矢人　生き物のような、お菓子のようなとか。

久米　そうであれば、雁も鶴もそうであってもいいのではないか。しかし、雁や鶴にはひらがな表記はなかったですね。

京子　それはなかったように思います。

甲矢人　たしかにそうですね。重要ですね、きっと。サギは手数がかかるとも言われているし。

京子　でも食べやすい。

宇都宮　なぜ鳥にしたのでしょうね。他の捕まえるものでもよかったんじゃないかなあ。空っていうことで、鳥だったんだろうか。白鳥座とかいうイメージで鳥だったんだろうか。

京子　この捕まえ方が妙ですよね。

甲矢人　この人ってね、鳥をとる人っていう点で、まず普通に考えると殺生なんだけど、あんまり生々しくない感じですよね。なんとなく、おかし作りの職人の仕事にも見えるし、畳んでいるという点をみれば、また別のいろいろな労働をイメージさせる。だから、どの人の仕事にも当てはまりそうな、ちゃんと仕事をしている人より労働者というか、いろいろな労働者の形象というか、混ざりあっているような。

京子　働く人の象徴というか。

甲矢人　それは、逆に言えば、どんな仕事だってよく考えてみれば、その漁師とは変わらないという面もあるし、ある意味世俗にまみれているというか、でもそれが人を助ける。まさに「煩悩」と「菩提」が一体というか、そういう揺らいでいる存在。〈鳥を捕る人〉と書いてあったり、〈鳥捕り〉と書いてあったり、表記もゆらぐ。ジョバンニも、それを気の毒とみたり、ちょっと軽蔑してみたり。そういう自分に気づいてみたり、悲しい気持ちになってみたり、一方で単に惨めなダメな存在かというと、達成感を感じているわけなんですね。ものすごく、絶妙な場面だなと思います。

京子　これは海のような場面ではないけれども、「海の命」（立松和平）の〈与吉じいさ〉のように必要なだけ捕る。だから、鳥捕りが特に悪い人間ではない。典型化してみれば、普通の人。

交錯する生と死

甲矢人　捕られた肉を食べて生きるということは、直接に殺生しているわけではないが、間接的には…。

京子　間接的には殺生をしていますよね。

甲矢人　日々、毎日している。ほかの命をとって生きている。だから全部我々も同じですね。この世と一緒なんです。また、もし「銀河鉄道の夜」を輪廻のイメージでとらえるとしたら、本人も撃たれた兵隊みたいに生まれては死んでいるわけですから、死のイメージがあるわけじゃないですか。

京子　だけど、また生き返ってくるでしょう。

甲矢人　そういう生と死の交錯するイメージがある。そうした中で、この鳥捕りは、「あ、遠くからですね」と最後に深いことを言いますよね。また、「どうしてって、来ようとしたから来たのです」とか、意味深なことを言っています。

京子　「あなた方は、どちらからおいでですか」と聞かれたら、自分たちもわからない。鳥捕りも〈あ、、遠くからですね。鳥捕りは、わかったというふやうに雑作なく頷きました〉。

甲矢人　ある種の共感かもしれないしね。あ、私もそうだ、と。

結局、西郷竹彦は何を意図してこの問答をしたのかは、私にはわからない。ただ、言えるのは、まず厳密に、罪だということははっきりさせている。その上で、じゃあ罪のない人はいるのかということ。そのことについて、太田さんを相手に問答をしているね。

芳治　「私も、殺生している」って言ったら、聞き直されて「私が、殺生している。でしょう」と言われました。「が」と「も」は違うよと強く言われました。

甲矢人　私「が」ととらえた時に初めて見えてくるものがある。他人事ではないと。

銀河鉄道に乗り降りし続ける

宇都宮　結局、賢治が殺生のことを最後はどういうふうにとらえて、自分の中に救いを求めたんだろう。

甲矢人　それはわからないですが、おそらく矛盾を抱えながら、あえてその矛盾を自分だけ回避するのではなくて、共に矛盾に取り組み乗り越えていこうという生き方に立つということではないでしょうか。

宇都宮　賢治は自分のことを「修羅」だと言っているけど、修羅は人間より下位ですよね。でも、どこかの時点で修羅の中に菩薩もあり、菩薩の中に修羅もあるということかなあ。

京子　修羅の道を歩むぞということですね。

甲矢人　そうだろうと思う。修羅だからこそ、修羅を救えるというか。あくまでも一切衆生とともに歩むぞというのが菩薩だからね。たとえどんなに微力であっても、全部救おうとする。それは実に、自分自身がまさに修羅を生きているから、他人事ではありえない。

京子　だからザネリも救われたのかな。

甲矢人　そして菩薩は、そのとてもじゃないけど一生では解決しないような一大目標を追求するからこそ、ずっとこの世で生まれ続ける決意をするわけですね。

京子　だから、どこまででも行ける切符なのよ。終わりなく。

甲矢人　楽という意味では、どこかで下車した方がいいのかもしれない。ずっと終わりがないっていうのは、格好いいけど大変だよね。阿弥陀さんのように、疲れたらすぐにでも浄土に連れて行ってあげますよと言うのも、あれはあれで極めて立派な菩薩行なのです。そうやって安心したところから、もう一回各々が菩薩になってもらえばいいわけよ。つまり、浄土っていうのはゴールじゃなくて、そこへ行くことによって、仏弟子となり、それで帰って来てくれたらいい。賢治は阿弥陀さんを信仰していたわけではないし、大きな目で見ればやはり同じ。この世の中で生まれて、この世の中で死んで、銀河鉄道に乗り降りし続けようということだろうと思います。

「ふっきれた」とは

京子　太田さんが、「『銀河鉄道の夜』では、賢治の心には迷いはなかったのですね。」と言うと、西郷会長は「ふっきれたわけです。銀河鉄道の夜では、彼は納得したのだね」と言っています。ところで何を納得したのでしょうか。

甲矢人　これまで話してきたことそのものでしょうね。輪廻は苦だし、生きるということは常に悪を犯し続けるということ。それでも、菩薩として生まれ変わり続けるのだと。

京子　その上に、西郷会長の就実高校での詩「永訣の朝」の授業で、取り上げられたことですが、南無阿弥陀仏とトシに言わせれば、浄土に行けるかもしれないのになあと悩み苦しむ賢治がいたということとの対応ですよね。

芳治　「永訣の朝」を書いたその時には、賢治は揺れていたのだけれど、この時にはもう揺れていないわけです。

甲矢人　その「迷い」というのは、「わたしが間違っているかもしれない」という迷いでは多分ない。つまり、本当は南無阿弥陀仏の方が正しい教えなんじゃないかっていう迷いではないと思います。いや、むしろ南無阿弥陀仏と唱えれば浄土へ行けるわけです。浄土に行ったほうがトシにとって幸せなのではないか。そこに迷ったのではないか。

京子　ここでは悩んでいたのだけれども、これが「本当の幸い」なんだとふっきれたのですね。

甲矢人　そのとおりで、これが「本当の幸い」なのだとふっきれたのです。

京子　これまで西郷会長が話したことのないことを言っている。ジョバンニの切符のところで「意識の問題だよ。それは」と言っているんですよ。

「意識の問題」とは

芳治　甲矢人くんがお見舞いに来た時に、「意識」の話をされたでしょう。その時、先生は甲矢人くんの話を聞きながら「そうだそうだ」と大きくうなずき、その話に賛同していたのを覚えています。ですから、「意識」の話は、今回の聞き書きの内容にかなり関係していると思います。

甲矢人　結局、「意識」というのは掘り下げると色々とあるのですけど、おそらくここで一番関わってくる「意識」の問題というのは、現実そのものは苦であるが、それを菩薩として生きる時には輝き始めるということ。これって、外のなにかを変えているわけじゃなくて、でもその瞬間には、ものすごく光り輝いている。そして、親友の死というそういう苦しみを乗り越えて、一目散に他の人の幸せのために、他人のために走り出していく。走るという形象がいっぱい出てきますが、まさに、スピード感がある。なぜ急がなくてはならないのかといえば、そこに苦しんでいる人がいるからね。早く行ってあげなくてはならない。

豊田　時間の不思議さを感じたのです。時間が長いとか短いとかというのは、結局意識の上でのこと。早く感じていた事象が、場所も時も変われば長く感じるということはよくあることじゃないですか。あっという間に行ったり来たりしているけど、それはその人が意識下でそう感じているだけかもしれないかなと思ったりします。

宇都宮　小学生の子どもたちは、図工の時間には「もう、終わりかあ」と言い、算数の時間には「まだ、◯分もある。」って正直に言いますよ。

甲矢人　それはおもしろい。最近共同研究しているゲオルグ・ノルトフという意識研究の大家に言わせれば、意識というのは、「内的時間を作り出す」ことそのものだという。すごく深い関わりがありますよね。

京子　いつのまにか突然来たりすると思う読者の私は、普通の常識的な時間を意識しているからですね。

ないことはない、あることはない

甲矢人　そうそう。少し話を戻すと、西郷竹彦が言っている「意識の問題」というのは、おそらく「ないことはない、あることはない」という構造でとらえられると思う。

先ほど「現実」という問題で少しふれたけれども、龍樹という人の弟子筋にあたる寂天（シャンティデーヴァ）という人がおもしろいことを言っている。悩み苦しみの問題というのは、解決法があるのだったら、悩む必要はない。解決法がないんだったら、悩んでも意味がない。必ず、苦には原因があるのだから、原因ということは、それをなくせばなくなるのだから、道はあるのだと。いかなる問題も、ないとは言えない。苦しいんだから。でも、必ず苦には原因があって、それをなくすことはできるのだということになると、苦は実体として「ある」のでもない。

たとえば、この世が絶望に満ちているように思える。政治でも経済でもどうしたらいいのだろうと思える時こそ、やっぱり、問題がここにあるっていうことは、必ずその問題の原因があるはずで、その原因をなくせば、その問題も消えるのだという確信を持って、それに対すればいい。問題それ自体は「ないことはない」わけね。しかし、恐れることなく、それを解決するっていう立場から見た時に、おもしろい時代じゃないかと。

つまり「意識」ということで言われているのは主体性の問題、西郷竹彦が常々言っているところの「マイナスをプラスに変える主体性」の問題とも言える。変革の立場に立つことだけが、「本当の幸い」である。逆にそうじゃないと、どうあがいても幸せじゃない。素晴らしい時代にしてからよこしてくださいと言えればいいかもしれないけど、それは無理だし、あっても崩れるばっかりだ。人間は何度も何度も過ちを犯しては、戦争をやりたがる。それで絶望するのではなくて、それは人間がつくった世の中だから必ず問題が起こるけど、それでもそれを変える主体の立場に立つとすべてが違ってくる。その意識、つまり仏教的には「発菩提心」に立った時に、生も死も全部受け止めて進んで行くのだっていうことだろうと思う。

多分、西郷竹彦は死を前にこのことを納得したのではなかろうかと思う。だから、自分は納得したのに、君らはなんでわからないのだと(笑)。

宇都宮 自分が悟ったことを私たちに悟らせたくなったんだ。

甲矢人 西郷竹彦は、そういう意味で「本当の幸いとは何か」という質問に「菩薩になること」と言い切ったのだと思います。白熱した議論になりましたね。では最後にもう一度、宮澤賢治作「銀河鉄道の夜」、西郷竹彦のことば、そして今日の座談会をふまえて、再度各自の意見や感想をお願いします。

まさにこの中に私たちがいる

顕子 今までずっと考えてきて、座談会の中で西郷先生の言葉をとらえて、第一章にあった〈まさにこの中に私たちがいるわけです〉というあのことばが、銀河鉄道の世界を表しているのかなと思っています。時間や空間を越えて、いろいろな人がその中で生きているわけで、そこには死者も含まれていて、それは出入り自由。そしてまた輪廻がある中で、次のステージで自分が菩薩になる(発菩提心)という、縁をもらったすべての人や物が、ずっとずっと繋がって果てしない中に自分も含めすべてが入っているということ。それが、銀河鉄道ではないのかなと思いました。

変革の主体に立つ

久米 西郷先生の言われる「変革の主体」に立つということは、要するに自ら切り開いていくということですね。最初に申しましたけれども、いろいろなつまらんことも悪いこともしますけれども、それでも人の幸せを願う。それが自らの幸せになる、返ってくる。このことは、文芸研のめざす「変革の主体を育てる」という教育、少なくとも今の世の中よりもっとましな世の中をつくろうという気持ちを持った大人になってもらえるように接するということにつながるなあと、そのとおりだなと思いました。

銀河鉄道に乗って

宇都宮　西郷先生がいつか亡くなる時がくるとは思っていましたが、その時がきたときに、お通夜ではもちろん泣けてきましたけど、その後も、ものすごく偉大な方が亡くなられたのに悲しみばかりに包まれたわけではなかった。というのは、このように死をとらえると、この時にやるべきことをされて、また次の輪廻に向かって、先生が必要とされる場所で、また次の「菩薩行」をされに行ったのだなと思うから。そしてその瞬間に私たちが出会って、縁をいただいたのはとってもありがたいことだったと思えます。私もどこでも行ける切符を持っているから、本当にそれをどこでどう使うかは、私自身にかかっている。そう思えば、私もその時がくるまでに「菩薩行」を残してから、次のステージに行きたいなと思いました。

実は、西郷先生が亡くなる一カ月ほど前に私の教え子が亡くなったのです。甲矢人くんの同級生で、その子は車いすの生活だったのですけれど、電車が大好きで、いろいろな鉄道の旅を楽しんできた子でした。偶然家を訪ねたときには、すでに意識不明の状態で、十日後、亡くなった知らせを聞いた時には悲しくて涙が止まりませんでした。でも、またあの子も「菩薩行」で私たちに何か大事なことを残して、銀河鉄道に乗って次の世界へ行ったのだと思うと、悲しいんだけど、すごく救いがあって、それが今日の座談会でとても重なって、死というものをとらえ直すことができました。

西郷先生の出棺のときも、教え子ユウくんの出棺のときも、正午の鐘の音が鳴るころ、校舎から見える牛窓の空を仰ぎました。「天に召される」とか「天に昇っていく」というたとえがありますが、賢治は銀河鉄道に乗って輪廻していくイメージの世界を描いて、時空を超える人々に救いを与えたのかも知れませんね。

グローバル化する世界で

芳治　最期の時に「銀河鉄道の夜」について西郷先生からお話が聞けたのは、時間的には多分十何時間ぐらいですが、自分にとってはすごく楽しい時間だったと思います。

若い時からずっと宗教について考えていたのですが、九月中旬から一カ月ほど、イタリアへ行きまして、現地の人々の宗教観（カソリック）が見事に崩れ去っている状況を目のあたりにしてきました。ジョバンニを探しに行ったわけではありませんが、我々が読んだ「銀河鉄道の夜」の英語版を持って行きました。英語版を訪問地の知り合いに渡し、その内容を説明しました。その中の一人の精神治療師（サイコセラピスト）の人がとても興味を持ってくれまして、そのような考え方を自分は今まであまりしたことがないと言っていました。その精神治療師は少し英語ができたので、やや深い話ができたのですけども、世界がグローバル化する中で、この「銀河鉄道の夜」という作品は、あらすじは簡単な話なのですが、その深い思想を伝えることは、すごく意味があったと思います。長い間、宗教について考えてきたのはよかったと思うし、いいタイミングでイタリアへ行って、カソリックの聖地であるイタリアの現実を見ることができてよかったと思います。

銀河鉄道とはこの世のこと

芦田　銀河鉄道というのは、この世のことだということはイメージできました。その夜に出会えるかどうかは読者一人ひとり、私たち一人ひとりの意識なのかなと思っています。私はまだ輪廻を繰り返す勇気は出ないですが、苦しい時は苦しいと思うのですが、ただ伝えられることは、今目の前にいる生徒には伝えていかねばならないというふうに思うことはできました。

国や時代に限定されない包括性

豊田　銀河鉄道の中では平穏でありながら、全く安定はしていないと思います。実は平穏が保てる状態なのに、苦しく思えたり、悲しく思えたりするのです。そういう意味では、みなさんがおっしゃるように、まるでこの世に生きていることは、大きな列車で旅していることのような気もしながら、この世でありながら、この世でないという気もしています。

というのも、「死んだり生きたり」という点で、この作品はすごく包括的な感じがするんです。その子たちの振る舞いやものの考え方は、とても日本的だと私には感じられます。日本人でありながらジョバンニとかザネリっていう名前を持っていて、絣を着て走っている感じのイメージです。特定の国や時代に限定されない。他宗教が出てきても、一切否定しない部分でも包括的だなって思います。仏教でいつもよく言われているのが、他者を否定しない、非難しない、すべてを救うのだという考え方が、ここにも表れていて、とても興味深いなと思っています。

甲矢人　本当にそのとおりですね。この世とあの世とが対立してあるわけじゃない。普通に「あの世」と言われているものも含めてのこの宇宙、銀河であるというか、我々みんな乗ったり出たりしているというふうに思います。

どんなに悩みが大きくても

京子　宇都宮さんの言ったことにとても重なるのですけれども、今日の座談会でもずいぶん勉強できました。この作品が私を救ってくれているなと改めて感じました。本当に、菩薩の話もそうですが、殺生の問題、そして意識の問題。この「意識の問題」というのは私にとって一番の課題というか、悩みが大きくて、加速していく老化に対して自分の気持ちに悩みがあっても、「それはないのと同じだよ」というふうなところまで行けたらいいだろうなあと思いました。だから、マイナスをプラスに変える主体性と、久米先生も触れられていましたけど、そのことを文章にありありと書かれているわけではないですけれども、作品そのものと太田さんの聞き書きの原稿を読ませていただいて、そして今日の座談会でみなさんのおっしゃることを聞いて、まずそのことを印象深く感じています。ありがとうございました。

別れ、散らばり、それでも一緒に

甲矢人　そうですね。「銀河鉄道の夜」というものを、人生の最後に西郷竹彦は持ってきた。本当にもう他人事として読めない。先ほど私の親友でもあるユウくんの話もありましたけれども、本当に生きているっていうことが、生きている限り別れて行かなければいけないですね。ですから生きているっていうのは、常にこういう別れをしていくこと。「一緒にどこまでも行こうね」と言った二人が別れるわけです。でも、たとえば「菩薩行」という意味では、やっぱり一緒に行っているわけです。そしてそれぞれの場所に散らばってですね。

これも私事ですけれど、ユウくんも私の小さい時からの親友ですが、大学の同級生で村主というおもしろい男がいて、彼はコンピューターの方で立派な仕事をしている矢先にクモ膜下出血で倒れ亡くなったのです。ちょうど一カ月前。私はほんとにこの作品に携わらなければならないことになったというのは、父が死んだので、どうにかしなければいけないと思いながらも、すごく実感として

ユウくんと父とそして村主とが一緒になるのですね。

私事にわたりますけど、父西郷竹彦が死んだ時には、ちょうどロシアの上空にいました。ちょっとある決心もしまして、「菩薩行」でないですけれど、ちゃんと全力でやっていかなきゃいかんなと思っているちょうどその時、西郷竹彦と交錯した気持ちがした。それに西郷竹彦は夜に逝きましたしね。銀河鉄道に乗って行きましたね。やっぱり芝居の脚本を書いて、演劇の世界から入った人らしく、そしてまた最後の最後まで教育者だなと思います。

みなさんがおっしゃっていたとおり、すごく切ない苦しい悲しい、涙がでることばかりのこの世の中で生きていくのだけれども、これを主体的にとらえ返して生きていった時には、ものすごく輝きを持って世界は現れてくるというか、銀河もそういう輝きですよね。暗闇の中に無数の輝きがあるわけです。そして、止まらないです。ずっと動き続ける、終わりがない、そういうことだろうと思うのです。

一目散に走り出そう

甲矢人　今日は本当に短い時間でしたけれども、「銀河鉄道の夜」に我々も乗ったり降りたりしているということがわかりました。あらためて感じることは、みなさん「教える人」ですけれども、教えるというのはまさに「菩薩行」ですよね。どんな無茶苦茶な凡夫でもやらなきゃならない。今、本当に求められている限り、そこに一目散にかけていかなければならない。まさに親友と別れ

たジョバンニが、お母さんのところへ一目散に駆けて行くようにこの座談会が終わったらまたそれぞれのところへ散らばっていかなければならない。

仏教の教えでは生き物はまたいろいろな生き物に生まれ変わるわけですが、人間に生まれるということは非常にまれなことだそうです。さらに人間に生まれたからといって、仏の教えに出会えるとは限らない。それで出会えたんだから、今このチャンスを活かして、「発菩提心」しないでどうするという教えが仏教にありますけれども、それと同じように西郷文芸学、そして「銀河鉄道の夜」に出会ったわけですから、それを本当に広げていく、そしてそれぞれの場所で、それぞれに「菩薩行」をやっていく、そういう決意みたいなものを自分自身新たにしましたし、そういう機会を与えて下さったみなさんと西郷竹彦に感謝したいと思います。もちろん宮澤賢治にも。どこを走っているかわかりませんけども、ずっとそれぞれ走り続けていると思います。まあ、今日の結論はそんなところでしょうか。〈永久の未完成これ完成である〉(『農民芸術概論要綱』)ということだろうと思います。それは「菩薩行」のことだったんですね。「銀河鉄道の夜」を今回読み直してみて、最後のシーンの鮮烈さに驚かされました。呆気ないほどですが、本当に素晴らしい終わり方だと思います。

〈ジョバンニはもういろいろなことで胸がいっぱいでなんにも云えずに博士の前をはなれて早くお母さんに牛乳を持って行ってお父さんの帰ることを知らせやうともう一目散に河原を街の方へ走りました。〉

私たちも、走り出して行きましょう。

最後の宿題への糸口

～特集あとがきにかえて～

西郷甲矢人

本特集「西郷竹彦『銀河鉄道の夜』を語る」は、その全体として西郷竹彦の「最後の宿題」を世に問い、その宿題への糸口をさぐるものとなりました。

西郷竹彦は、聞き書きにおいて「銀河鉄道の夜」を総花的に論ずるのではなく、以下の三つの問題に焦点を当てています。すなわち、

・「午後の授業」をどうとらえるか
・鳥捕りの場面をどうとらえるか
・「ほんとうの幸い」とは何か

という問題です。

座談会においては、この三つの問いを導きとして「銀河鉄道の夜」を語り合ったわけですが、そこで浮かび上がったキーワードが「菩薩」でした（詳しくは座談会をご覧ください）。おそらくこの「菩薩」という概念が、西郷竹彦の最後の宿題への絶好の糸口となると考えられます。

菩薩とは、「自分の苦しみを消し

去る前に、一切衆生の苦しみを消し去ろう」と決意して生き続ける存在です。ここで「一切衆生」とは、生きとし生けるもののこと。もちろんあらゆる人々を含みながら、境界線を設定することなく、苦しみの中に生き抜いているあらゆる存在に広がる言葉です。

ブッダは、自分の苦しみのみならず、一切衆生の苦しみを消し去るための方法を発見し、それを求めるもの全てに説きました。その方法を実践することにより、一切衆生のうち少なからぬものが苦しみを消し去った、つまり、「悟った」と言われます。しかし、「悟った」ものは全てブッダと呼ばれるかというと、そうではありません。「自分が悟るだけではなく、他者が悟れるように導く」ことによって、はじめてブッダと呼ばれるのです。

しかし、他者が悟れるように導く、というのは並大抵のことではありません。苦しみを解決するには、その苦しみについて知らなければならないでしょう。一切衆生が無数ならば、その苦しみもまた無数であり、ただのひとつとして「全く同一」の苦しみのかたちはありません。それでもなお、そのひとつひとつに寄り添いながら導いていくなどということが、どうしてできたのでしょうか。

その疑問を抱いた古代インドの人々は、その当時の「常識」に基づいて、ごく自然に次のように発想したに違いありません。一切衆生の苦しみを知り抜くために、ブッダはその無限とも言える過去世（前世、そのまた前世…）において、あえて生まれ変わり死に変わりしてきたに違いないと。つまり、ブッダになるためにあえて「輪廻」を繰り返したに違いないということです。古代インドの文脈においては、輪廻は苦であり、その苦を滅するということが悟り（「涅槃」）です。ですから、簡単に悟ってしまってはブッダになれないのです。たとえ悟ってしまいそうになっても、あえて悟ることのない存在がいなければ、ブッダは決してこの世に現れないということになります。そしてまた、いまだ悟らないなかでも、その一生ごとにたくさんの衆生の苦しみに接し、悟りへと導く経験を積んでいったに違いないとも考えられます。つまり、「自分が悟る前に、一切衆生を悟らせよう」という心を保ち続けながら、気の遠くなるほどの輪廻を繰り返し続けた存在がいたはずなのだというわけです。この存在こそ、菩薩です。菩薩なくして、仏教は始まることもできなかったというわけなのです。

そして、生まれたものが皆そうであるように、ゴータマ・ブッダの身体もまた滅びました。もはやブッダは「去った」いま、それでも苦しみ喘ぐ一切衆生を前にして、この私自身がブッダとなろうという、大きな志をもつ菩薩が数限りなく生まれ続けました。この大きな流れの中に、宮澤賢治の作品が、そして西郷竹彦の文芸学もまた生まれてきたのです。

事実、西郷竹彦は、その―古代インドの人々ならば「今回の」というでしょうが―人生の最後にあたり、「本当の幸いとは」という問いに「菩薩になること」と断じました。ほとんどなんの詳しい説明もないままに、です。

なぜ、菩薩になることが本当の幸いなのでしょうか？

言い換えれば、なぜ、「自分が苦しみを消し去る前に、一切衆生を悟りへと消し去る」ことを志すことが本当の幸いなのでしょうか？

この問いに対し、もはや西郷竹彦が答えることはありません。

答えは、自らが、それぞれに求める他ありません。

それでも、何か答えるまで決して解放してくれず、そして何を答えてもなかなか「そうだ！」とは言わなかった父・西郷竹彦に、この場をかりて、「とりあえず」の答えを記して、慌ててこの場を後にしたいと思います。

……そうですねえ、多分こういうことかなと思うんですよ。世の中には真面目な人もたくさんいらっしゃって、そういう方は自分自身のために頑張れるのかもしれないんですが、私のように怠惰な人間は、他人のためじゃないとすぐ怠けてしまうんですよねえ。

私は数学者と名乗っているわけですが、不勉強もいいところで。どうもおよそ世の中で言う「勉強」に向いていないらしい。向上心もないんですよ、あんまり。そんなだから、数学に関しては全く不勉強のままでここまできてしまった。それでも、最小限のわずかな知識は何で得たかといえば、クラスメイトにテスト勉強を「教えてくれ」と言われて断れずに教えたり、共同研究の人に買いかぶられてしまった時に恥をかきたくなくて止むを得ず頑張って論文を書いてみたり、あるいは学生たちにどうやったら本質をつかんでもらうかヒントを得たくて本を読みあさったり、そんなふうにして身につけたんです。

でも、世の中の多くの人も、意外とそうなんじゃないかと思うんですよね。文芸研ですばらしい実践をされてきた先生たちも、みんながみんな元々勉強好きだったわけではないはず。目の前の子どもたち、クラスの現実、そうしたところから出発して、これをなんとかしなければならない、この子たちの認識をどうしても深めてやりたい、そんなことのために「止むを得ず」西郷文芸学に取り組んだ人も多いと思うんですよ。で、始めてみるとこれは面白い、面白いから実践したくなる、といったループを限りなく回しているうちに、ふと気づけば今に至っているんでしょう。

ブッダを呼ぶ時に、「世尊」といったり「大徳」といったり、いろいろな呼び名がありますが、「天人師」というのもあるんだそうで。「あらゆる神々と人々の先生」という意味なんですね。これは本当にいい言葉だ。もちろん神々の方がよほど長生きで、力もある。でもブッダこそが先生。そして、あらゆる人々の先生でもある。どうもブッダというのは最後は人間になってから悟るそうで。人間というのは実に儚い存在だが、しかしブッダを生み出す存在でもある。なぜなら、これほどまでに人は「教えたがる動物」だからです。それも、「自分が理解しきるより前に、一切衆生を理解させたい」と思ってしまうほどに。

事実、これは教員なら誰しも経験があるはずですが、「教えることによってはじめてわかる」ことがいかに多いことか。それどころか、教員よりも学生や生徒が「すごい」ことを言うなんて日常茶飯事であり、それによって何度身が震えるほどの感動を覚えることか。まさに、「自分が悟る前に、一切衆生が悟れるように」と志すことによって、始めて「自分が悟る」という構造が、ここに垣間見えるではありませんか。

そうなのです。少なくとも私のような凡俗が「悟ろう」とする時に、「自分が悟ろう」なんてそんな程度の「めあて」のために頑張れるものでしょうかね。なるほど、「ねらい」は自分が悟ることかもしれません、自分の苦しみを消し去ることかもしれません。それは本当です。ところが人間というのは実に面白いもので、「自分のためにはそんなに頑張れない」ようにできている。だからこそ、「自分の前に、一切衆生を」と志すことによって始めて、自分自身も輝き始める。そうです、だからこそ、〈本当の幸いとは菩薩になること〉なんだと思います。

有名なことばですが、〈世界がぜんたい幸福にならないうちは個人の幸福はあり得ない〉(『農民芸術概論要綱』)。私はこの言葉にずいぶん前に出会って、とても気に入り、また忘れがたいと同時に、どこか納得のできないものもありました。なんとなく全体主義者に利用されそうなことばでもありますしね。しかし、これは、

〈世界がぜんたい幸福にならないうちは、個人の幸福はあり得ない〉と考え、その考えにしたがって生きる＝菩薩になることこそが、面白いことに私という個人の本当の幸福なのだ。

という意味づけができることに気がつきます。自分の前に、一切衆生を悟らせようと志すことによって悟る、そして、それによってしか悟れない、というのと同じです。

考えてみますと、これはお父さんの人生もそうだったのではないでしょうか。あなたは随分たくさん書きましたね。その全ては「誰かのために」書いていました。いや、世界ぜんたいの、どこにいるかわからない、もしかしたらまだ生まれてもいない、人たちのために書いていました。そのようにして生み出された理論によってこそ、あなたは文芸がどんなにすばらしいものか、人間というのがいかにすごいものか、を思い知らされたのです。あなたは実に教えたがる人でした、最後の最後まで宿題を残しました。そしてその宿題を残すことによってあなたは悟ったのです。〈本当の幸いとは菩薩になること〉

だと。

さあ、そろそろ私を解放してもらわないと困ります。私もあなたと同じように教えたがりで、本やら論文やら雑誌の連載やら、あるいは講義ノートやら春闘の要求書やら、もう数え切れないぐらい文章を書かなければならなくて指が痛いほどなのです。あなたも指が痛かったのでしょうか。茶毘に付して残ったその頑丈な指の骨をみるとそうではなかったかもしれませんが。

ともかくあなたは銀河鉄道にまた降りたり乗ったり忙しいことでしょう。実は私もそうなのです。というのも私たちは銀河つまり天の川の水の中にいるのです、午後の授業で先生がおっしゃったように。それに私もまた、あなたと同じように、目に見えない鳥を捕るのを商売にしているのです。そして、ジョバンニが、そしてあなたがそうしていたように、一目散に駆け出して行かねばならないのです。また、どこかでお会いするのを楽しみにしています。

文芸研 全国研究大会 第53回横浜大会

主催：文芸教育研究協議会（HPからは「文芸研」で、FBからは「文芸研・横浜大会」で検索を）

期日：**2018年8月4日（土）・5日（日）**

会場：**神奈川学園・精華小学校**（横浜駅西口改札から徒歩12分）

研究主題：**ものの見方・考え方を育てる国語教育―美と真実を求めて―**

◆8月4日（土）全体会 大会1日目（9時～16時30分） 神奈川学園100周年記念ホール

◇記念コンサート　工藤直子さん（詩人）×新沢としひこさん

工藤直子プロフィール

詩人、童話作家

1935（昭和10）年、台湾生れ。お茶の水女子大学中国文学科卒業。女性初のコピーライターとして活躍した後、詩人・童話作家に。

『てつがくのライオン（絵・佐野洋子）』で日本児童文学者協会新人賞、『ともだちは海のにおい』でサンケイ児童出版文化賞。『のはらうたＶ』（童話屋）で野間児童文芸賞を受賞。

野原の生き物や自然が躍動する詩集『のはらうた』は、日本中の子供たちに愛され、ロングセラーとなっている。その他著作には『ねこはしる』『まるごと好きです』など、多くの詩集・絵本・エッセイがある。

新沢としひこプロフィール

シンガーソングライター／元保育者／神戸親和女子大学客員教授／中部学院大学客員教授

学生時代よりライブハウスで音楽活動を始める。東京の保育所で保育者を経験した後、数多くのCDや楽譜集を発表。

現在はソロコンサートやジョイントコンサート、保育講習会の講師として活躍するかたわら、CD制作のほか児童文学の執筆や絵本を出版するなどマルチに才能を発揮している。

代表作『世界中のこどもたちが』は、小学校の教科書に採用され、カバーも多数。2011年3月には『さよならぼくたちのようちえん』が芦田愛菜主演のテレビドラマの主題歌に採用されたほか、つるの剛士のアルバムに『にじ』『ともだちになるために』が収録されるなど、その楽曲に注目が集まっている。

◇

◇記念講演　落合恵子さん（作家） 演題「言葉の力、沈黙の深さ」（仮題）

落合恵子プロフィール

作家・クレヨンハウス主宰

1945年栃木県宇都宮生まれ。株式会社文化放送を経て、作家活動に。執筆と並行して、東京青山、大阪江坂に子どもの本の専門店クレヨンハウス、女性の本の専門店ミズ・クレヨンハウス、子どもの想像力を育む玩具の専門店クーヨンマーケット、有機食材の店「野菜市場」、オーガニックレストラン等を展開。

総合育児、保育雑誌「月刊クーヨン」、オーガニックマガジン「いいね」発行人。社会構造的に声の小さい側、子どもや高齢者、女性や、マイノリティにならざるを得ない人の声を主に執筆。「さようなら原発1000万人アクション」、「戦争をさせない1000人委員会」呼びかけ人。

最近の主な著書は「おとなの始末」（集英社）「老いることはいやですか？」（朝日新聞出版）「決定版　母に歌う子守唄　介護、そして見送ったあとに」（朝日新聞出版）「泣き方を忘れていた」（18年春刊行予定・河出書房新社）など他、多数。

◇基 調 提 案　上西信夫（文芸研委員長）

◇文芸研会員による　詩の公開授業・シンポジウム

授業者：多方和史（兵庫文芸研宝塚サークル）

シンポジウム　司会：山中吾郎（千葉文芸研・大東文化大）

◆8月5日（日）分科会・入門講座 大会2日目（9時～16時30分）神奈川学園精華小学校

◇分科会：この学年でどんなものの見方・考え方を育て　＊各学年の代表的な説明文・物語文の実践報告＊

【　①1年　②2年　③3年　④4年　⑤5年　⑥6年　⑦中学・高校　】

◇入門講座：文芸研方式を初心者にもわかりやすく

【　①詩の授業　②作文指導　③絵本　④文芸学　⑤ものの見方・考え方　】

□参加費：現職教員・保育士　6000円（1日参加3500円）
　学生・退職教員・一般　3000円

□大会参加申し込みは「文芸研」HPから

連載・教室に学級通信があると①

私の学級通信

松山　幸路
（大阪文芸研）

一　学級通信は必要か

教室に、学級通信は必要なものなのか。そう聞かれると、どう答えますか。私は、「いいえ。」と答えるでしょう。なぜなら、学級通信がなくても、クラスは成立します。実際に、それぞれの教員の工夫でクラスをまとめ、子どもたちは日々を過ごしています。学級通信より、肝心なのは、一にも二にも授業です。授業が楽しく、そして豊かで深いものであればあるほど、子どもたちは伸びてゆきます。学級通信がなくても、十分にクラスは伸びてゆけます。

学級通信というものは、料理で言うなら、ネギや大葉のような薬味ではないでしょうか。クラスに、ちょっとしたスパイスを与えるもの。授業が柱であるとしたら、教員によっては、枝葉に当たるものが、「遊び」であったり、「係活動」であったり、「読み聞かせ」であったり、他に「劇」「縄跳び」「歌」などの様々な文化が、教員の個性によって伸びていくものです。「学級通信」も、その内の一つです。

ただ、今回は、一つの枝葉であり、薬味という脇で働く学級通信に、スポットを当ててみようと考えています。いくつもある枝葉のうちの一つ、学級通信に、どのような可能性があるのか。普段は薬味でありながら、時にお腹いっぱいになるメインディッシュにもなりはしないのだろうか。ずっと脇役だとしても、クラスの子どもたちにとってどんな意味や価値があるものなのだろうか。学級通信を書くのならば、無意識に発行するよりも、どんな意味があって出すのかを意識できた方が、より子どもにとっても効果的な教材となるはずです。

さて、今回執筆するにあたって、読者の皆さんのみならず、筆者の私自身も学級通信の価値を考えてみたいと思います。幸い、連載の形で執筆できるので、私自身実践しながら、じっくりみなさんと共に考えてみようと思います。

二　私はなぜ学級通信を書くのか

さっそくですが、学級通信についての執筆を、受諾したこの私についてです。受諾というより、快諾した私、筆者が、学級通信を書いていないとなると、問題です。日頃書いていなくても、何も問題はないのですが、日頃書いてない人物がこの文章を書いていても、何も説得力がありません。

もちろん、私は学級通信を書くことが好きです。そして、教室で読むことも好きです。

「書くのって、大変じゃないですか?」

「忙しい中で、なぜ書くのですか?」

そう聞かれたこともあります。答えは決まっています。

「楽しいからです」

もちろん、楽しくないと書きたくないですし、書く意味がないと感じているならば、私は書きません。子どもだってそうでしょう(子どもは書きなさいと言われるから書くということはありますが)。大人でも同じことです。書く意味を感じているから、書く。楽しいから、書く。それだけです。

この「楽しい」の意味を振り返ってみると、様々にあります。

まず、書くということは、今日一日の学校生活を思い返すことになります。そうすると、次の学級通信でみんなと共有したい何かいいことを探すわけです。学級のすてきな所、誰かのすてきな所を、必然的に探す習慣がついてきます。その時、できれば何気ない行動、とっさの一言など、クラスの誰も気づかないものの中に、何か価値を見つけられると、書いた意味、読み合う意味が高まります。学級全体の温度も上がります。時に、笑いを誘う記事も書きます。教室に笑いがあるのも、あったかくていいものです。子どもたちをトークで笑わせることが苦手な教員も、書いているものを読むのなら、ハードルは下がります。笑いのある教室は開放的で素敵です。子どもは、笑いが大好きです。大阪には、とても的確なツッコミを入れる子が、クラスに必ずいます。

それに、作文も掲載し、教室で読み合うこともしています。担任の赤ペンによるコメントも一緒に載せて、その作文を担任がどう読んだのかも共有することで、少しずつ読者の読む目を肥やしていきます。紹介された作者の人柄を、よりよく仲間に伝えることもできます。紹介された子も照れてはいても嬉しがっています。また、読者と言っても、それは教室の中だけではありません。家庭には、親、兄弟、まれに祖父母、親せきが読んでいる場合があります。家族が学校のことを話すきっかけにもなっています。親から言えば、自分の子の成長を感じる機会にもなります。家庭では見せない素敵な姿がそこにあったら、嬉しいことです。

今、少し考えてみるだけでも、これらのような価値があります。価値はその人その人で違いますから、読者のみなさんにも、何か光るものが見つかるはずです。

四月の始業式から発行したならば、スタートは（半強制的に）読まされていた学級通信が、いつしか気づけば読者にとって読みたいものになっていったら、書いてきた意味があります。作者と読者とを少しずつつないでいく楽しさを、多くの教員が味わってもらえると嬉しいです。また、学級通信を書く楽しさには、読者と読者をつなぐ働きをする場合もあります。それは、この連載の中の所々に散りばめておきます。

三　タイトルの意味

タイトルは、文芸作品や説明文教材においても、重要なものです。映画や小説でも、まずタイトルに出会い、そこから「観に行こうかな」「読んでみようかな」

という思いが起こります。

また、タイトルは作者がつけるものです。だから、その言葉・表現には、作者のある思いや願いが込められていたり、何かを象徴したものだったりします。受け持つ学年、子どもたちに合わせ、その時の自分自身が大切にしたいことを重ねて、タイトルをつけられると、その学級通信を発行する意味が教師の中に生まれます。

プロでも、作家によれば、タイトルを決めるのにかなりの時間を割く人もいます。それほど、まずタイトルというものは、作者にとって物語を凝縮した一滴となるのです。

ただ、教室はこれから始まります。まだストーリーなどありません。これから積み重ねて、これから紆余曲折しながら、少しずつ前進し、少しずつ高めていくもの。四月の始業式から、ストーリーの決まっていない物語のタイトルなんてつけづらいと思われるかもしれません。それでも、「こうあってほしい」「こうしていきたい」という担任の考え方や願いをタイトルに凝縮させることができます。一日目の教室で、担任の思いを語るのにも役立ちます。一年間通して、クラスの様々な出来事を、そこに集めてくることもしやすくなります。だから、何か一つ、タイトルの由来は語れるようにしておくべきです。

さて、そのタイトルはどのように考えますか。それこそ、人それぞれでしょう。毎年同じにと決めている教員もいれば、子どもたちと出会ってから考える教員もいるでしょう。自分たちのクラスをこうしたいと語り合わせて、子どもたちに考えさせる教員もいるでしょう。どれも、それぞれに教育的な意義があると思います。

ただ、ここでは、私は私のやり方しか具体的には書けないので、そうさせていただきます。

私は、いつも寒さ和らぐ時期になると、頭のどこかでピンとくるフレーズを探しています。何か閃いたら、携帯電話にメモしておきます。それが芽を出すか、種に終わるか、それはわかりません。でも、種もないのに芽は出ません。自分が受け持つ学年も決まり、その種たちの中から、一つを選びます。種がそのまま一本立ちする場合もあれば、少し細工をする場合もあります。この生み出す作業が、この世に一つしかないものを生み出す仕事のようで楽しい遊びです。

これまで、十数個の名づけをしてきました。

思い返せば懐かしいです。初任者の時に書き始めたのが、『きゃっちぼーる』でした。元気な五年生で、私が野球好きだったこともあり、そうなったのだと思います。担任と教室の子どもたち、そして家庭を結ぶ三角形。その三角形で互いにボールを回してキャッチボールする姿が、ふと思い浮かんだのです。ひらがな表記で、あたたかみを出しました。

またある時は、『もりもりちゃん』と名づけました。活発な三年生で四〇人学級だったので、「もりもり」と「ちゃん」とを合わせた造語で、『もりもりちゃん』としました。幼いけど、力強くクラスをつくっていくたくましさを見せてくれた楽しい一年間になりました。

またある時は、『ろまんちっく』とこれまた変わった名前をつけました。個性豊かで、攻撃的な六年生でした。一つのものごとをみんなでじっくり見つめ、それぞれのロマンチックな見方が出し合え、それらがうまく溶け合うようなあたたかい教室にしたいと願いました。ロマンチックと聞いて、カタカナ表記を思い浮かべる人がほとんどだと思います。でも、和と洋が一つになるように、個性と個性がぶつかり合ってしまうのでなく、一つになったら素敵だなぁと考えたのです。

その他、『くつひも』というタイトルもあります。あまり学級通信につけそうにない名前なのですが、私のその時のある考えを象徴しているタイトルなのです。

この時の五年生は、自己主張の少し強い子たちでした。だれかが困っていたら、一緒に待ってあげる。相手のペースにも合わせられる。そんなことも大切にしてほしかったのです。

それが、なぜ『くつひも』なのか。例えば、右足の靴ひもがほどけてしまった…。するとそこにしゃがみ込みます。右足の靴ひもを結び直します。その時に気づくのです。左足の靴ひもはほどけていないのに、そこでずっと待っているのです。右足の準備が整うまで、一歩も動かずに――。

ある年の四年生には、『すぽんじ』という学級通信を書いていました。いつも台所で見るあのスポンジです。そのスポンジとクラスの子どもたちとを響かせた

すぽんじ

4年1組学級通信
2015．4．8
第1号
よろしくお願いします

☆さあ、出発！

　進級おめでとうございます。私は、4年1組の担任をさせていただく松山幸路（こうじ）と申します。一年間よろしくお願いします。

　さて、今日から4年生としての一年間がはじまります。1年生・2年生・3年生と、3年間を過ごしてきて、小学校生活も後半戦を迎えました。ちょうど半分に辿り着いた所です。これからは立派な高学年になっていくための準備が本格的に始まっていきます。4年生は、これまでよりも行事が増えます。1学期には、さっそく合同音楽祭への出演もあります。兄弟学年でも、これまでは支えてもらう下の学年でしたが、4年生からは下級生を支える上の学年になります。下級生から頼りにされる。あんなお兄さんお姉さんになりたいと目標にされる。そんな4年生になっていくスタートが今日なのです。

　まず4月は、みんなのことをたくさん知って、私のことも知ってもらって、一緒に笑い合える、一緒に喜び合える、一緒に悲しめる教室を作っていきたいと思います。みんなの力でみんなの心があたたまる教室を作るため、ご家庭のご協力もよろしくお願いします。共に子ども達を伸ばしていきましょう。

☆なぜ、すぽんじ？

　さて、話題は少し変わります。読者の皆様には、クラスのみんなのことも愛してほしいのですが、学級通信「すぽんじ」のことも同様に愛していっていただければありがたいです。愛して読まれる学級通信を目指します。

　その学級通信のタイトルが少し変わっています。なぜ「すぽんじ」なの？そう思われた方も少なくないはずです。

　スポンジというと、台所にあるお皿を洗うものですよね。小学生でも触ったことがあるものです。スポンジってどんなイメージですか。まず、軽い。そして、やわらかい。水をどんどん吸収する。そんなイメージがあります。自分の上にある水も、下にある水さえも、スッと自分の中に取り込んでしまいます。体いっぱい水を吸い込んだスポンジをギュッと握ったらどうなりますか？吸収した水が、ドバッと出てきますね。

　そんな風に、教室で学ぶみんな、その一人ひとりも、スポンジのようにやわらかい心で、何でも吸収できるようになってほしいのです。仲間のいい所、先生の話、どんどん吸収してほしいのです。時に仲間に注意されることもあるでしょう。先生に叱られることもあるでしょう。でも、そんな落ち込みそうなことも…やっぱりスポンジのように吸収してほしいんです。吸収して、反省して、考えて、学んで、これからの力にしてほしいのです。また、いっぱい考えた自分から出た考えがみんなに広がって、みんなにいい水を、豊かな水を、シャワーのように浴びせてほしいのです。お互いがいいスポンジであればあるほど、みんなで学び合っていけます。伸び合っていけます。

　そんなやわらかい心でたくさん吸収して、たくさん話せる書ける表現できるみんなになっていける応援をする学級通信「すぽんじ」。だからやわらかいイメージのひらがなで「すぽんじ」です。その第一歩が今日です。

　こちらの方も応援よろしくお願いします！

☆担任の謎

　松山先生って、どんな人なんやろう。何才なんやろう？何が好きなんやろう？何が得意なんやろう？逆に何が苦手なんやろう？と思う人がほとんどでしょう。謎の先生です。

　そういうわけで、ここで自己紹介をしておきます。と、思いましたが、書くスペースが残りわずかとなりました(涙)。次号に私のことは書きたいと思います。ちなみに、好きなことがたくさんあります。みんなの好きなことと一緒だったらいいなぁ。はじめの宿題では、出会いの今日のことについて、作文を書いてきてもらいます。みんなのことや気持ちをいっぱい知りたいので、楽しみにしています。今の心の中を、思い切り作文帳にぶつけてきてほしいです！

いと思いました。

スポンジの上に水を垂らせば、その上に留まることなく、スッとその体に染み込んでゆきます。さらに、驚くべきことに、水の上にスポンジを近づけると、これまたスーッとその体に吸収してしまいます。どの角度から来ても、自分に取り込み、受け入れてしまいます。仮に、その水が汚れていても、その色がどんな色であっても、スポンジは受け入れてしまうのです。しかも、体いっぱい吸い込んだものを、ぎゅっと握れば、握った分だけ、ドバッと勢いよく出すこともできます。

このやわらかさ、柔軟さが、私から『すぽんじ』を生み出しました。ユニークな子たちでしたので、このタイトルも気に入ってくれました。四年生なりに、自分たちで生み出したカードゲームを楽しむ時期もあれば、何事においても、どうすればより楽しめるものになるのかと工夫する姿をたくさん見せてもくれました。自分たちで工夫して、児童会祭りの出し物に決めた劇をよりよいものにもしていきました。クラスのメンバーの個性も、担任の個性も受け止め、それを生かし、みんなで楽しむことができた一年間でした。やはり、スポンジのように。

…実は、まだまだ書きたいことがあるのですが、紙面の都合もあります。それに、タイトルのことばかり書いてもいられません。

つまり、タイトルを考えるということは、それほどに作者の心をそこに表すことになるということです。始業式を迎えるまでのその楽しさを、若い教員にも味わってみてもらいたいです。

四　スタイル探し

タイトルが決まれば、書く目的が定まってきます。次に、記事を書こうとペンを執ります。そのスタイルを大きく分けてみると、手書きで書く人、パソコンで書く人、この両者に分かれるでしょう。まず、そこから考えてみましょう。

手書きには、作者の字のクセが表れますから、やはり味が生まれるでしょう。読者に温かみが伝わり、温度を感じます。それに、パソコンでは融通の利かない細かな作業が、アナログだからこそ、容易にできます。

また、用紙さえそばに置いておけば、突然時間が余っても、サッと出して続きを書くこともできます。少しずつ効率的に作り上げていくことができます。

いやいや、そういう理由ではなくて、パソコンが苦手だから、自分には手書きしか…。それでいいと思います。無理してまで書く必要はないわけですから、消去法であっても、自分が書きやすい方法を選ぶことが大切だと思います。逆に、私は字がうまくないので、手書きは…、という人もいますから。それは、私自身なのですが。

そう。私は、いつもパソコンで作ります。とっておきの、本当にとっておきの号のみです、手書きをしたことがあるのは。二〇〇号の記念の一枚や、卒業していく六年生に最後に渡す一枚など、何か特別な一枚を手書きしたことはあります。しかし、普段からそれは私には難しいのです。手書きは、憧れに終わりそうです。

「あなたも書いてみない？」

新任として働き始めてまもない五月。隣のベテランの教員に勧められ、見せて頂いた一枚の学級通信がきっかけでした。B5サイズの用紙に、手書きでさらさらっと書いたものでした。放課後のちょっとした時間に書かれているようでした。教室の良かったことをまとめた内容だったと思います。

こんな学級通信いいな。教室の子どもではない私が、そう感じたのです。それならば、教室の子どもたちも喜ぶはずです。私も、五月下旬から発行し始めるという、中途半端なスタート。それから、自分の書けるペースで出すということで始めました。途中であまり発行できなくなって、自然消滅するような形にはしたくなかったので、まず苦手意識のある手書きはやめました。パソコンで、なるべく時間を使わないで作ろうと考えました。それが、一〇年以上経つ今も変わらぬ自分のスタイルの一つとなっています。

それでも、パソコンでつくるのには、消去法以外の理由があります。それは書き始めてから、その良さがわかってきました。私は、パソコンの前に座ったら、一枚の学級通信をつくるのに、かかっても二〇分間ぐらい。早い時で三分間ほどあれば完成することもあります。なぜなら、パソコンでつくると、修正がしやすいからです。読み直して気になった部分を一気に削除したり、逆につけ足したりすることが、即座にできます。文の順序を入れかえることも、一瞬です。

また、時間がある時に、携帯やスマホで文章を作っておいて、自分のパソコンにメールで送れば、パソコンが側になくても、記事がつくれます。何を書こうと考えるだけなら、廊下を歩いている間にもできます。メモをしておけば、それが書く際の種になります。子どもの作文も、データでストックをつくっておけます。時間がある時に、先の号の準備も前もってしておきやすいのです。私にとっては、効率的に、そしていい文章を生み出すためには、パソコンが使いやすいのです。

そうは言っても、もちろんスピードが一番大切ではありません。つくるスピードは、読者にとっては特に意味を持ちません。中身こそが、読者に最も価値あるものです。ただ、授業づくりを第一として考え、学級通信をあくまでプラスアルファの仕事と考えるべきです。それでも書きたい。それならば、それだからこそ、時間がかからず、中身も充実、読んで楽しく、読んで深まる。これがベストではないでしょうか。一番駄目なのは、時間をかけて書いたにもかかわらず、読者にとってたいした価値が見出せない学級通信ではないでしょうか。それは、作者にとっても良いこと無しです。

そうなれば、学級通信のサイズにも触れなければなりません。

私は、B5サイズで発行しています。それは、小さい方が、一枚にかける時間も少なくなりますし、数を出しやすいからです。価値あることを、ギュッと詰め込みたいという思惑があります。長い作文を紹介したい時や、担任の記事が長くなった場合には、裏面を使っています。

例えば、作文指導も兼ねて学級通信を出しているので、できるだけ毎日発行したいという思いがあります。新鮮な作品を新鮮なうちに。自分が書く記事も、新鮮さやタイムリー感を大切にしています。教育的価値がどれだけあるかが重要です。

忘れた頃に発行されるより、日常的にクラスのみんなの作品に触れることで、作文を読む機会を増やし、共有したい思いがあるのです。小さくても積み重ねることが大切です。ボクシングで考えてみましょう。一ラウンド、最初の一撃、一発のボディーで相手が倒れることは、ほとんどありません。しかし、試合終盤、軽く打ったように見えた一発のボディーで、膝からガクリと崩れ落ちることがあります。それまでに積み重ねたものが、後で効いてきたのです。大きなものを欲張って不規則な発行になるよりは、細かく、細く、つなげていく、積み上げていくことが、大きな力を生みます。また、続けて発行することで、教室の文化にもなります。

ここまで、学級通信のスタイルと形にスポットを当てて書いてみました。それは、あくまでどうしてその形を私が選んでいるかです。どんな記事を書いていくのか、書きぶりはどうすればいいか、子どもたちの作文を載せることの効果（課題も含めて）はどうなのか、幸い連載なので次号以降に書いていくことになります。

五　さいごに

ここまで書いてきたこと、これから書いていくことは、批判的・懐疑的に読んでもらっても、価値の生まれるものになると思います。教員それぞれに合ったやり方があるので、使えそうなところは使って、切り捨てるところは切り捨ててもらえれば、よりいいものになっていくはずです。また、次号でお会いしましょう。

連載

子どもを育てる作文指導⑤

作文を意味づけ学び合う授業を

辻　恵子（千葉文芸研）

どんな作文指導をしたいのか

理想とする作文指導は何か、考えてみたことはありますか。最近は実用的な文章を手際よく書くことが求められがちです。その現実適応の言語能力育成を全て否定はしませんが、それをも包含しつつ、もっと子どもの人間的な発達、人格形成を促す教育としての作文指導、これが私の理想です。

子どもは、喜怒哀楽それぞれ心に響いたこと、いらいらもやもや気になってならないこと、どうとらえたらいいのかわからないこと、そうした事柄についてその発達なりの認識と表現の方法を用いてしゃべったり書いたりしながら理解していく、意味を発見していくものです。どの子も、ものごとや人間を、事実に即して見つめ、自分の言葉で意味づけてとらえ表現することなくしては、自己を形成していく、あるいは変革していくことはできないのです。

ですから、実用性優先で考えるのではなく、子ども達の自己表現と自分を取り巻く社会や自然、ものごとや人間への認識を深めるための作文指導、そしてそこへの共感を大事にする作文指導をしたいと思い描き、追い求めてきました。共感についていえば、私は書かれた作文、そして書き手の子どもへの共感を土台に、学級で作文を学び合う指導を試みてきました。子どもが書いた作文を学級で意味づけ、生かす授業です。連載最終回、そんな虚構の作文指導を紹介します。

書き手の意図を超えて

二年生一一月半ば、敏夫君がさか上がりができたことを、とっても嬉しそうに書いてくれました。「前とはちがう」という題名の日記です。彼はいっぱい練習したからできたんだと考えていて、彼の意欲、粘り強い取り組みは確かにその通りです。でもそれだけではなく、「友だちの存在」が大きな意味をもっているのですが、そのことには気づいていません。友だちと練習した事実や会話が書かれているにも関わらず、そのように認識していないのです。彼自身、そして学級のみんなにも、そのことを発見してほしいと思い、作文を読み合う授業を組みました。授業は一時間扱いです。

まず日頃の敏夫君らしい「まさかこんなことに」という楽しい作文をみんなに読んで聞かせました。彼は、みんなでドッジボールをしていても、のほほんとよそ見をしている間にボールが当たって、自分でも笑ってしまうようなひょうきん者。ですから子ども達は、「おもしろい、ぼけてる感じで笑っちゃう」「ドッジは弱いけど、作文は楽しい」とそれぞれ感じたままを話し合いました。「ボールに当たってもゆかいな作文にしてしまうのが敏夫君のいいところだね」と彼の人柄をとらえながら、和やかな雰囲気を作ります。

それから「前とはちがう」を印刷したプリントを配ります。本人に一度読んでもらい、もう一度教師が読んでから、感想を出し合いました。「まさかこんなことに」とはまるでちがう作品です。

前とはちがう　（一一月）
としお

ぼくは、四〇日くらい前は、さか上がりができませんでした。でも、きゅうしょくがおわったとき先生が、

「ふゆになったら、てつぼうがつめたくなっちゃうから今れんしゅうしたほうがいいよ。」

と言いました。そうしたら、ようたくんが
「やろう!」

と言ってました。ようたくんは、しゅんくんをさそって、二人で行こうとしたときにぼくにも
「いっしょに　やる?」

と言いました。ぼくは、

「やろう。」

と言いました。だけど、昼休みだけじゃできませんでした。だから、ぼくはひまがあればちかくの公園で、さか上がりを三〇回れんしゅうしました。するとたいいくのサーキットでてつぼうをやる時、なんと一回でできました。ぼくは「えー!」と思いました。そうしたら、ようたくんが見ていて、

「すごいね!」

と、言ってくれました。そのころからてつぼうがすきになりました。前はぜんぜんできなかったのに、今ではかくじつにさか上がりができるくらいよゆうになりました。でも、すこしまちがえるときがあるので、学校でときどきれんしゅうしています。もうちかくの公園ではやっていません。サーキットのときはすごくすごくびっくりしました。あとで二組の先生にもすごくほめられました。うれしかったです。

れんしゅうをいっぱいして　よかったです。


　子ども達は「できなかったのができるようになってえらい」「がんばって練習して、できるようになるまでやったのがいい」と彼の一生懸命な取り組みに感嘆しました。そして「前とはちがう」という題名どおり、練習を重ねた自分自身に満足し、嬉しくてたまらない彼に共感しました。敏夫本人も「自分でいっぱい練習してがんばってできたから書いた」と話しました。

　でも、私が「敏夫君ができるようになったのは、いっぱい練習したから、というだけだろうか」と問いかけると、子ども達は「サポートしてくれる人がいたから」「いっしょに練習する仲間がいたから」と気づきました。やろうとさそってくれた友だち、一緒に練習した友だち、できたときほめてくれた友だち、いろん

な友だちがいたからこそできたのだ、と話し合いの中で発見していったのです。本人の努力ももちろんですが、友だちなくしては、できなかったとわかって、敏夫君も「ようたくん、ぼくをさそってくれて、どうもありがとう。みんなも読んでくれてありがとう。みんな、これからもよろしくね。ようたくん、はげましてくれて、ありがとう。」と最後に感想を書いていました。

書き手自身も気づいていなかったけれど、みんなで話し合うことで、新たな発見ができたのです。彼の作文が、後々までその価値が共有され、いつでも語り合うことができる「学級の財産」になった忘れがたい授業でした。

みんなへのメッセージとして綴る

次は、五年生の作文の授業（記述後の指導）についてお話したいと思います。

高学年を担任して、当時いつも私が感じたのは、学級の多くの子ども達が友だちとの人間関係に悩んだり、自己否定的なもやもやした気分に埋没したりしていることでした。ですから、それぞれが抱えている問題を解決するという現実的な対応はもちろん大事ですが、それと同時に「今世の中で何が起きているのか」「世界はどうなっているのか」をちょっと背伸びをして見てほしいと思うようになりました。

より強くそう考えるようになったのは、二〇〇一年の「9・11米国同時多発テロ事件」です。子ども達も私も、ニュースのリアルな映像に強い衝撃を受け、震えてしまいました。「先生、こわい。何が起きたの」「先生、この後どうなっちゃうの」と問いかける姿を目の当たりにして「ああ、この子達は同時代人だ」という痛感したのです。そして、今現在の課題を共に学ぶ―子どもに分かる言葉で語り、共に考える―ことが同時代人としての教師の役目だと思いました。

毎朝、朝の会で見聞きしたニュースを語り合ったり、私が新聞記事を紹介したりして社会や政治の問題（この実践の二〇〇三年から翌年にかけては米軍のイラク攻撃と自衛隊の派兵を機にイラク戦争）について話し合うことを「日常化」するのがスタートでした。それから、各自が新聞記事を切り抜いて、一言コメントを添える「切り抜きノート」を勧めました。さらに、それを毎朝紹介し合って、共通の話題を作っていきました。

この時期、子ども達と毎学期ごとに文集を作って読み合っていました。三学期、五年最後の文集を作ろうという時に、『今、自分が一番伝えたいこと―みんなへのメッセージ』を書いて、最後にそれをスピーチするということになりました（今までの読み合うことと同じですが、気分は「スピーチ」でした）。子どもたちは、書きたいことを数日考えて、それぞれ決めて取り組み始めました。戦争のことを学び合ってきたので、「イラクの戦争のひどさを訴えたいし、戦争に反対の気持ちを書きたい」（恵理子）「地雷のことをＪＲＣで知ったので、もっと調べて書きたい」（絵美）「戦争は絶対やめてほしいからどんなにひどいかを書く」（聡）等、戦争と平和のことを選んだ子がたくさんいました。彼らは本を探して読んだり、インターネットで検索したりして、「あっ、森住卓さんのページがあった。あの子（イラクの白血病の少女）が出てるよ！」「地雷のことがこんなにくわしく載ってる。え、二〇分に一人が地雷で死んでるんだって！」「日本も地雷を作っていたなんて！　でも今は作ってなくてよかったあ。」など、一生懸命調べて書いていきました。

その中から次の二編を紹介します。

悲しみの大きさ―イラクの悲劇

沙希

あなたは、イラクのことに目を向けたことがありますか。子どもたちの悲しみが、あなたには聞こえてくるでしょうか。今、イラクには苦しんでいる人がたくさんいます。私は、そのことにすごく興味をもったので、このテーマにしたのです。今から、イラクの人々の思いを話していきたいと思います。

イラクでは、たくさんの人が死んだのを、あなたは知っていますか。一九九一年の湾岸戦争の時に爆弾が落とされた時には、三百人の子ども達が消されていきました。あなたは、想像できますか？　私は、目を閉じるとそれがうかんできます。どうして爆弾を落としても何も感じないのでしょうか。こんなに多くの人々が犠牲になっているのに、どうして何も思わないのでしょうか。

　何もしていないのに、消されていく。そんなことが、許されるでしょうか。私の耳にはイラクの人の苦しんでいる声や、悲しい声が聞こえてきます。

　家族を失い、路上で生活している子ども達。それがストリートチルドレンです。一年中、路上で生活しています。ろくに食べ物もなくて、冬なんか気温が低くなります。暖房がないとくらしていけないが、みんなで身を寄せ合って寒さをしのいでいる。でも、そんな子ども達を支援している人がいるのです。その人は、高藤《ママ》(遠)菜穂子さんといい、ＮＧＯというグループの人です。ストリートチルドレンの子達にふとんや食料などを補給してあげているのです。日本からバグダッドまで行ってあげるなんて、すごいなと思いました。

　そんな子ども達のご馳走は、サンドイッチだそうです。私はそれを見て、すごく日本はわがままだなと思いました。日本はお金があれば、いつでもなんでも買えます。イラクは戦争で食料もなくなり、家族も失い、何もかも失った。そんな中で、わがままなんか言ってたら、すぐ死んでしまうと思います。

　私は、イラクの人達はすごく良い人達だと思います。みんな必死に生きて、何もない中でくらしているなんて、ふつうなら死んでいるのに、生きているってことは、生命力そして生きる希望を失わないのが強いんだなあと思います。

　イラクの人達の食料は、すべてがれきの下。落ちているものを食べてなんとかしのいでいて、時には危険なもの（麻薬など）にまで、手を出してしまいます。その時に必要なのがお金。何かを売ってかせいでいます。しかし、働いても食べ盛りの子ども達には、食料が足りなくていつも飢えているそうです。本当に戦争は何もかも失うんだなと思いました。

　私達に何かイラクの子ども達にしてあげられることがあると思いますか？　私はあると思います。それは、イラクにむけて何か応援をしてあげることだと思います。「戦争をなくす」「子ども達を助けたい」ということを、世界中の人達が相手の身になって思えば、助ける第一歩になると思います。

戦争は本当に恐いなと思いました。多くの人達が死んでいく。本当にいけないことだと思います。だから、国同士がもっと仲よくしていかなければいけないなと思いました。そしてもっとイラクにむけて、何かを考えてほしいと思います。あなたもそう思いませんか。

表現のつたない部分や、記述の不正確な部分が随所にありますが、沙希さんの「戦争と平和について学び合ったことや自分の調べたことを読み手に伝えたい」という強い願いが伝わってきます。

状況の厳しさ酷さを挙げていますが、それだけではありません。イラクの人達を支援する人がいるのだということ、さらにそこに生きるイラクの人達の厳しい状況に負けない強さ、希望を学んでいることに感心させられました。

たった一しゅんで失ったものは

絵美

みなさんは、カンボジアという国を知っていますか。カンボジアというと、何を思うでしょう。アジアの小さな国？　農業国？　実はこのカンボジアには約一三一〇万人の人が暮らしています。カンボジアの人々は一生懸命生きているのに、その人達を苦しめているのが数千万個も埋められた地雷です。これからそのことをお話ししましょう。

みなさんは、地雷というものを聞いたことがありますか。地雷は「悪魔の兵器」と言われる身近な危険物なのです。地雷は、人殺しや、足や腕などをふき飛ばしたりするために使われます。

その地雷は、今とても安く作られ、売り買いされています。たった三ドルから三〇ドル、日本円にすると三〇〇円から三〇〇〇円です。安い物なので、大量に購入され、配備されています。地雷がもし日本にもあったら、きっと買う人がいるでしょう。こんなに安い物だから。

地雷は大きく分けると二種類あります。一つは、一三〇キロの重みをかけないと爆発しない、対戦車型です。(中略) もっとこわいのが対人地雷です。対人地雷は、ほんの少しの振動で爆発します。爆発しても、殺すのではなく体の一部をふき飛ばすようになっています。地雷を踏んでしまって命を落とさなくても、足や腕がなくなって自由に歩けなくなり、仕事もあまりできなくなります。こんなこわい物が地雷なのです。こんな物はあってはならない物です。てっきょせずにこのままにしていたら、また被害が増えてしまいます。被害が増え、つらい思いをする人が増えてほしくないと思います。

地雷を踏んだ人は、どのように生活しているか、聞いたことがありますか。わたしは、その様子を写真でみました。その時、とてもかわいそうで、びっくりしました。

カンボジアで地雷を踏んだ人はけがもしているし、足や腕だって失っています。それでも家族のために働いています。(中略) 地雷で両親がけがをしたり、両親を失った子ども達はどうすごしているのでしょう。自分達で物を売り、両親を支えています。(中略) お金も食料も必要です。そんな時に、赤十字やボランティアなどでカンボジアに来ている人にお金をもらいに来るのです。(中略) もしそんな子が目の前にいたら、何をしてあげられるでしょう。助けてあげられるでしょうか。(中略)

地雷を取り除く、それは簡単なことでしょうか。地雷を取り除くにはとても危険な作業をしなくてはならないのです。(中略) 作り、買うのは三〇〇円から三〇〇〇円でできます。でも逆にてっきょするには、三〇〇ドルから一〇〇〇ドルもかかるのです。日本円にすると (中略) 今、このままの方法でやっていくと、一年間にてっきょできるのは、一〇万個、今埋まってる地雷を取り除くには百年から一五〇年かかる見込みです。そして今の危険なてっきょ方法では、てっきょ千件から二千件につき一回の比率で事故が起こっているのです。(中略) でもカンボジアの子ども達の未来を守るためにやらなくてはならないと思います。

　このような地雷とカンボジアのことに興味をもったきっかけは、スタセンでの経験を生かしたからです。わたしはスタセンで、カンボジアのことを調べました。その時に、カンボジアの人がとてもつらいくらしをしていることを知りました。地雷で親を亡くし、つらい思いをしている子、お金をかせいでいる子の写真も見ました。それを見た時に「こんな思いをしている人がたくさんいるとみんなは知ってるだろうか。」と（中略）その後、学校の授業で戦争のことをやり、そして文集作りをするということで、地雷のことを調べてみんなに知ってもらいたいと思ったからです。戦争中の兵器なのに、今でも人を苦しめつづけているということを。

　カンボジアの人達がどんな被害にあっているか、知ってもらえたでしょうか。地雷という人を苦しめるためだけにある兵器をこのままにしてていいのでしょうか。カンボジアや他にも地雷が埋まっている国の人達と自分を比べてみてください。（中略）たった一しゅん（地雷を踏む）で、とてもつらく悲しいものにしてしまう。（中略）これから生きていく人の平和な世界を考えることが大切なのではないでしょうか。みなさんはどう思いますか。


　絵美さんは、スタセン（市が主催するＪＲＣの活動）で自分が調べたことや、授業で戦争について学んだことを総動員して書きました。地雷はどんなものか、カンボジアでの被害者のくらしと生き様、撤去作業の困難な現実、自分が興味をもったきっかけ（構成を工夫して、これを後にもってきています）などを書く中に、自分の考えや読者への語りかけがたくさんあります。最後には、〈自分と比べて考えてほしい〉〈これから生きていく人の平和な世界を考えることが大切〉と訴えています。

二編を《つづけよみ》することによって

　三月、戦争と平和の学習の総まとめとして、この沙希さんと絵美さんの作文を《つづけよみ》する二時間の授業を実施しました。これは私の教師生活の中でも忘れがたい実践になりました。

授業では、まず二人の作文の共通点を見つけることから始めました。

まず、イラクのストリートチルドレンとか、カンボジアの地雷で傷ついている孤児とか子ども達、兵士ではない弱い人達が犠牲になっていることが挙げられました。

次いでそれを助ける人がいることにも気づきました。沙希さんはＮＧＯの人達（とりわけ高遠菜穂子さんについてはいろんな子がよく知っていました）、絵美さんは赤十字やボランティアの人達、地雷撤去の作業に活動する人達のことを取り上げていました。他にも地雷について調べた子ども達がいて、その非人間性と同時に世界各国から撤去のために人が来ている話、作業中の事故で命を落とした人の話、ロボットの開発によって安全な撤去作業を可能にしようという試みなども出ました。子ども達は「天使と悪魔」と表現していましたが、残忍さと人間愛の両面を垣間見た話し合いになりました。

それから、日本と比べていることや、平和への願いも共通していることが挙がりました。また戦争と人間を相関的にとらえて、戦争がひどくても逆に強く生きていることも共通していると出されました。

最後に国が違い、時代も違うのに（絵美さんはカンボジアでは戦後二〇年以上たっている話をしました）、戦争は人を苦しめ、何もかも奪うことに話がおよびました。その中で人が懸命に生きていることはすばらしいけれど、戦争が未だにくり返されていることに人間の矛盾を感じ複雑な気分になりました。終わりの感想です。

戦争とは人間とは

美緒

戦争とは…何もかも失い、未来をもこわすもの。私はそのことを学んだ。しかしそんなことにも負けないで生きのびるのが人間だ。「戦争」という恐ろしいものにより家族も家も失ったけど、生きる希望だけは失わない、それが人間のすごいところだ。私は二人の作文を読んでそう思った。

地雷を踏んで体の一部を失った人も、少しの食料を家族に食べさせるために一生懸命働いている。日本と大ちがいだ。日本ではお金さえあれば何でも買える。少しぜいたくをしようとして働く人もいる。本当にひどい差だ。そんな差があるのはおかしいと思った。

もう一つ、この二つの作品を読んで「人間は何のためにいる（存在する）のだろう」と考えさせられた。戦争や地雷や核を作り、殺し殺されるためではない。人間とは平和な世界に生きるためにいると思う。だれだって戦争なんかのぞんでいない。そういうことを考えさせられました。

〈そんな差があるのはおかしい〉〈人間は何のためにいる（存在する）のだろう〉という美緒自身の問いを、そしてみんなが抱いたそれぞれの問いを、心に残してほしいと願っています。

虚構の作文指導にぜひ挑戦を

低学年と高学年、それぞれの実践を通して「虚構の作文指導」とはどういうものかをお伝えしたつもりですがいかがでしょうか。おそらくどの学級でも、書き上げた作文を読み合ったり、発表したりする機会はあるでしょうし、それについて「よかったよ」と賞賛する手立てはいろいろとられていることでしょう。でも、新たな意味、価値を発見する「授業」はほとんどなされていないのではないか（あるいは、無意識のうちに実践される場合があっても、意図的計画的にはなされていないのではないか）と思います。しかし、まさにこれこそ、文芸研の作文指導の目玉、最大のポイント。そして最も魅力ある部分だと私は確信しています。

「そう言われても、子どもの作文を読んで赤ペンを入れ、学級通信に載せたり、発表したりするだけでも大変で、とてもそんな余裕はない」とお考えの方は、まずは学期に一回、そんな機会を計画してはどうでしょう。それまでに気になる作品を準備して分析するのです。文芸や説明文で培った認識方法を使って、内容にせまる授業展開を具体的に考えてみましょう。「あれ、文芸の授業と同じ？」と感じませんか。そう、子ども達が作文を意味づけていく授業は、文芸や説明文を意味づける授業と同じことなのです。しかも扱うのは友だちの作文ですから、子ども達が興味関心を持って取り組むことはまちがいありません。あまり構えずに気楽に挑戦してみてください。これからたくさんの教室で「虚構の作文指導」が積極的に実践されますようにと願っています。

さて、つたない実践をまとめた「子どもを育てる作文指導」の連載、最後にあたって―。

実用的な文章の書き方指導に追われて、「生活の中から題材やテーマを自ら選び、書くことで考えを深める―自己表現としての作文指導」を見失う、そんなことのないように意識して教師の間で作文を話題にしてください。「この作文、おもしろいよ」「こんなの書いた子がいて、どう読んだらいいのかしら」とサークルや学習会、研修会などの時には一つずつ作文を持ち寄る、これを始めてください。必ず楽しくなりますよ。

連載

文学教育における教育方法の研究②

民間国語教育研究団体の比較を通して
〜教育科学研究会国語部会

村尾　聡
（兵庫文芸研）

はじめに

前回に申し上げましたとおり、この連載は民間国語教育研究団体の文学教育観や方法論を比較する中で、「文学教育とは何か」について考えていくことがテーマです。

そもそも民間教育研究団体とは、民間教育運動におけるそれぞれの研究団体のことです。そして、民間教育運動とは、日本の教育のあり方を教職員・父母のがわから構築していこうとする運動であり、それは大正期の自由主義教育運動にさかのぼります。戦後、その民間教育運動は日本民間教育研究団体連絡会（略称「民教連」）が組織され、その運動は大きな高まりをみせます（大槻一九八二）。そのような状況の中で民間国語教育研究団体も次々に設立され、様々な教育方法が実践・研究され続けてきました。その中でも民間国語教育研究団体は、他教科と比較して設立団体数が多く存在します注1。

今回は、民間国語教育研究団体の中で、前回とりあげた児童言語研究会（略称「児言研」）と同時期に設立された教育科学研究会国語部会をとりあげます。

1　教育科学研究会国語部会

教育科学研究会国語部会（以下「教科研」と略）は一九五二年に設立され、文学作品の読み方指導や、言語教育等の理論的・実践的研究を行っており、当初、言語学者の奥田靖雄をリーダーとし、鈴木重幸、宮島達夫、上村幸雄、高橋太郎、鈴木康之、湯本昭南、工藤真由美ら主として言語学研究会に属する言語学者・日本語学者が理論面を指導していました。国語教育の実践家・理論家であった国分一太郎、宮崎典男の他、無着成恭、のちに文芸教育研究協議会を組織した西郷竹彦らもこの会のメンバーでした（フリー百科事典『ウィキペディア』参照）。

教科研国語部会は現在、「言語と教育」部会に変わっています。教科研には現在「能力・発達・学習」「身体と教育」「自然認識と教育」「教師」「学校」「地域と教育」「青年期教育」「教育学」の各部会があります。

教科研では、国語教育の基本目標を「子どもたちをすぐれた日本語のにない手にそだてあげること」と主張しており、自らの教育方法を「読み方教育」と呼称しています。そしてその「読み方教育」の中に「文学作品の読み方教育」があり、文学作品の読み方教育の目標とは「ことばを形式とする芸術、文学作品をただしく鑑賞する力をやしない、その創造のための基礎をつちかう」としています（奥田・国分一九六五）。

教科研における文学作品の読み方指導は、「よみを大きく知覚と理解に分け、知覚の段階をさらに、範読・一次よみ・二次よみ」に分けて読みを進めていきます。そして「理解」の段階で、「やま」を中心とする作品の構造分析によって「主題」を導き出そうとします（川野二〇〇〇a）。

「一次よみ」は「一つひとつの文にうつしとられた生活現象（ことがらや感情）を絵として再生し、それをつみかさねながら、できごとの進行や人間関係など、つまり文脈をまちがいなく知覚させる」ことであり、

「抽象的・一般的な意味しか与えられていない単語のつらなりを、具体的な絵にするしごと」です。「二次よみ」とは「一次よみによってつくり出された疑問、つまり、作品がなんらかの手段によってつくり出している大きな表現を解決し、全形象の知覚を完成すること」としています（川野二〇〇〇ａ）。

2 教科研方式の授業—「一次よみ」

次に、教科研の授業の実際について、教科研の実践者であった川野理夫「わらぐつの中の神様」（杉みき子作）の授業記録（川野二〇〇〇ｂ）を検討してみたいと思います。この記録は、作品の冒頭「雪がしんしんとふっています。」という文を手がかりにイメージをふくらませる授業です（Ｔは教師の発問、Ｃは子どもの意見、Ｔ、Ｃの番号、傍線は筆者による）。

Ｔ１ いつ？ Ｃ１ いま。

Ｔ２ そうだな。「ふっています」は、つづいているうごきのすぎさらず。（うん）。「しんしんと」は、修飾語。（うん）。雪のふりかたをくわしくしている。（うん）。どんなふりかたかな？…「しんしんとふる」ふりかたは先生もじっさいには知らない…。

Ｃ２ あのね、辞びきにはね。三つ出ていたん。①が「夜がしずかにふけていくようす」で、②が「しずかに雪がふるようす」、③が「寒さがますようす」ってなっていたん。ここは②だろう。だから、静かなふりかただと思うよ。（いい）。

Ｔ３ 雪が音をたてて、うるさくふることがあるのか？

Ｃ３ 雪が音をたててないけどさ、風が吹いて横なぐりにふることがあるがね。そういうんじゃなくて、まっすぐに、静かにふるふりかただと思うよ。（いい）。

Ｔ４ この辺みたいに、バラバラって少しふっても静かなふりかたならいいの？…（わからなそう）…。先生の辞びきの①には、「（夜がふけて）あたりが静まりかえる様子」とあった。夜の八時ごろのことかな?

C4 あのね。夜なかのことだと思うよ。「静まりかえる」っていうのは、ちっと静かなんじゃなくて、物音ひとつしないで、しいんとしているんだがね。だから。(いい)。

C5 先生! 思ったんだけどさ、しんしんと雪がふるっていうのは、ちっとじゃなくて、うんとふるんだと思った。(いい)。

この授業は「一次よみ」における「抽象的・一般的な意味しか与えられていない単語のつらなりを、具体的な絵にするしごと」といえます。イメージを具体化するために教科研では、T2「『ふっています』は、つづいているうごきのすぎさらず」「『しんしんと』は、修飾語」「雪のふりかたをくわしくしている」のように、文法をふまえてイメージをつくっています。さらにC2「辞びきにはね。三つ出ていたん。①が『夜がしずかにふけていくようす』で、②が『しずかに雪がふるようす』、③が『寒さがますようす』ってなっていたん。ここは②だろう。だから、静かなふりかただと思うよ」のように、文脈の中での言葉の意味を明らかにする中でイメージを具体化しています。

川野はイメージを具体化する一次よみについて、「一次よみの教材研究は、その文に使用されている単語と、単語を組み合わせている文法に目を向けて、その中から形象のよみのためにとりわけ必要なものをえらび出そうとする作業」であると述べています(川野二〇〇〇a)。

同じ教科研の古謝美織「大きなかぶ」(ロシア民話・西郷竹彦訳)の実践(古謝二〇一二)では、一次よみにおいてイメージを「具体的な絵」にするために「頭のテレビ」という方法を使っています。大きなかぶをおじいさんとおばあさんが抜こうとする場面です(Tは教師の発問、Cは子どもの意見、T、Cの番号、傍線は筆者による)。

T1 おじいさんとおばあさんは二人でひっぱれば、ぬけると思ったのかな? 二人でひっぱっても

C1　ぬけないと思ったのかな？
C1ぬけると思っていた。
T2　ぬけると思ってひっぱったんだけど、それでもかぶは、どうだったの？
C2　ぬけなかった。
C3　ぬけません。
T3　二人ともどんな気持ちだったと思う？
C4　しょんぼり。
C5　一生懸命。
T4　しょんぼりと書いておくよ。一生懸命ひっぱったけど、ぬけない。しょんぼりしているんだね。
（板書）
T5　二人でひっぱったんだよ。おばあさんをよんできて、二人でひっぱったけれども、それでもぬけなかった。目を閉じて頭のテレビスイッチをオンしてください。おじいさんとおばあさんを出してください。どんな顔していますか？
C6　しょんぼりした顔。
T6　何か言っている？　おじいさんなんて言っている？
C7　はあ、ぬけなかった。
T7　はあ、ぬけなかった。と言っているんだね。
（板書）
T8　おばあさんは、何て言っている？
C8　「せっかく頑張ったのに、かぶはぬけないなんて、きびしいね」と言っている。
T9　「きびしいね。」と二人で話している？　頭のテレビにうつっているんだね。

この実践はイメージを具体化するために「頭のテレビ」という方法を使っています。これは、児言研も同じような方法を採用しています。

T1、T3、T6、T8の発問（おじいさんとおばあさんの気持ちを問う発問）とそれを受けての子どもの発言は、児言研の章でものべましたように、「視点論」をふまえていない読みといえます。西郷文芸学によると、この部分の視点は語り手にあり、「対象人物」が、おじいさん、おばあさんになります。つまり、対象人物であるおじいさん、おばあさんの気持ちは理論的に読者にはわからないからです。対象人物の気持ちは推測する以外になく、子ども達の意見も、C4「しょんぼり」、C5「一生懸命」と意見が分かれています（ただ、「うんとこしょ、どっこいしょ」という会話文からおじいさん、おばあさんの気持ちを問うことは可能です）。

さらに、古謝は同じ「大きなかぶ」の実践において、かぶが抜けないので、おじいさんがおばあさんを呼びにいった場面で、「おばあさんをなんてよびにいったか」、おじいさんの「絵のそばの吹き出しに」子どもの意見を板書しています（古謝二〇一二）。人物の気持ちに「同化」させるための「吹き出し」を使うという方法は、児言研でも行われています。

3　教科研方式の授業――「二次よみ」

一次よみにおいて作品のイメージを具体化した後、作品全体を見わたして整合性が見られない形象について考える過程が「二次よみ」です。例えば「ごんぎつね」において、村人のいやがるような、ひどいいたずらばかりしていたごんぎつねが、兵十のとったうなぎを盗んだあと、兵十が追いかけてこないのを認めると「ごんは、ほっとして、うなぎの頭をかみくだき、やっと外して、あなの外の草の葉の上にのせておきました」という形象があります。ここは、「あんなひどいいたずらばかりしていたごんが、こんなにていねいに、にくらしいうなぎをおいてやるのはふさわしく」ない。このごんの行為には矛盾があり、この矛盾を整合的に読むため、二次よみにおいて前後のごんぎつねのイメージを関連づけ、ごんぎつねの人物像を深めていくのです（川野二〇〇〇a）。これは児言研の「前の文、前の場面と相互に関係付けて読む」方法と共通します。さらに、西郷文芸学における「形象の全一生」（形象と形象は前の形象と後の形象が全一体的にひびきあっているという理論）とも共通します。以下は、「二次よみ」の授業の様子です（川野二〇〇〇a）。（T、Cの番号、傍線は筆者による）。

T1 「ごんはほっとして…のせておきました」を読んで、君たちはここをおかしいと思った。あんなにひどいいたずらばかりしていたごんが、こんなにていねいに、にくらしいうなぎをおいてやるのはふさわしくない、といった。なかには、ごんはやさしい性格なんじゃないか、といった子もいる。どうだろうか。

C1 おれはやっぱりおかしいと思うよ。だって、ごんのいたずらはふつうじゃないがね。そういういたずらを、夜でも昼でもやっていたんだがね。だから、やっぱり、ふさわしくないと思うよ。

C2 おれははんたい。ごんはね、いたずらはしていたけど、ほんとうはやさしいんだと思うよ。だって、おしろの屋根がわらだのひがん花に見とれていたろう。ごんは、うんときれいなものがすきだったがね。だから、ほんとうはやさしいんだと思うよ。

C3 あたしもそうに思うよ。あとの方で、兵十のために毎日毎日くりをもっていってやったがね。だから、ほんとうはやさしいんだと思うよ。

T2 やさしいと思えるところがほかにもあったかなあ。…たとえば、「…ひがん花がふみ折られていました」

（中略）

T3 ところで、こんなにやさしいのに、ごんはいたずらばかりしていた。しかもそのいたずらは村びとが大さわぎするようなものばかりだった。どうしてなのかな。

C4 おれはね、やっぱりさびしくてしょうがなかったんだと思うよ。

C5 いい。ひとりぼっちで、森の中のしだの下にいたんだろう。だから、さびしくって何かしずにはいられなかったんだと思うよ。

C6 いい。みんなといっしょになりたかったんじゃねん。いたずらすれば、みんなが集まってくるがね。だから。

ごんの行為の矛盾を話し合っている場面ですが、C

2の子どもの発言をきっかけにして、ごんのやさしさを観点に子ども達は再読を始めています。そして、T3において「こんなにやさしいごんが、なぜ村人を困らせるいたずらをするのか」と問われ、「さびしくてしょうがなかったから」とごんの人物像を深める読みに至っています。この読みは、西郷文芸学における「条件をふまえた読み」といえます。「他ならぬ独りぼっちのごんだからこそ、さびしくてしかたがないからこそ」いたずらをせずにおられなかったのです。教科研の読みは、二次よみにおいて整合性の見られない形象を形象と形象を相関的に読み、人物の読みを深めているると言えます。

4 教科研方式の授業――「知覚から理解」

一次よみ、二次よみの後、作品全体のすじを構造分析し、「主題」を導き出す「理解」という学習過程があります。川野の実践では、作品を「わくづけ」「はじまり」「おこり」「つづき」「やまば」「おおづめ」「まとめ」と分析しています。

「わくづけ」は「これは、わたしが小さいとき、村の茂平というおじいさんから聞いたお話です」～「中山様というおとの様がおられたそうです」まで。「はじまり」は「その中山から少しはなれた山の中に『ごんぎつね』というきつねがいました」～「ごんは、ほっとして、うなぎの頭をかみくだき、やっと外して、あなの外の草の葉の上にのせておきました」まで。「おこり」は「一〇日ほどたって、ごんが弥助というお百姓のうちのうらを通りかかりますと」～「ちょ、あんないたづらをしなければよかった」まで。「つづき」は「兵十が、赤いいどのところで麦をといでいました」～「おれがくりや松たけを持っていってやるのに、そのおれにはお礼を言わないで、神様にお礼を言うんじゃあ、おれは引き合わないなあ」まで。そして「やまば」は、栗や松茸を持って来るのが神様だと兵十が思った「その明くる日も、ごんはくりを持って兵十のうちへ出かけました」から、兵十がごんぎつねを火縄銃で撃ち、後悔の余り「火なわじゅうをバタリと取り落としました。青いけむりが、まだ、つつ口から細く出ていました」までとしています。

この分析方法は、次号以後に検討する「読み」の授業研究会（略称「読み研」）が、文学作品を「前ばなし的な『導入部』、筋が動き出す『展開部』、作品の中心となる『山場の部』、後ばなし的な『終結部』」の四つに区切る方法と共通しています。この二つの団体は、文学作品を「事件が展開するプロセス」であると分析していることがわかります。そして、以上のような構造分析から次のように物語の主題を導き出します。

川野は構造分析の「まとめ」を「ごんのやさしさが事件をおこし、発展させた。誤解がやまばの悲劇をつくった」とし、作品の「主題」を「ひとりぼっちのさびしさに耐えかねて、いたずらをせずにいられなかったごんの、ひとりぼっちの兵十に対するひたむきなやさしさと、そのやさしさがうちころされなければ通じなかった誤解のおそろしさ・かなしさ」としています（川野二〇〇〇a）。

構造分析から「主題」を導き出し、それを子ども達に読み取らせようとする教育方法は、児言研が子ども達の自由な読みを認め、それを手がかりに授業をつくっていこうとする「構成主義的な読み」「構成主義的な教育方法」と対照的に、教科研の授業方法は「客観主義的な読み」であり、「客観主義的な教育方法」といえます。

まとめ

教科研方式の授業は、「一次よみ」において、「教科研文法注2」と呼ばれる文法や単語の意味を吟味しながらイメージを具体化・具象化させています。そのための手だてとして「頭のテレビ」という方法も使っています。イメージを「くわしくいいかえ」させ、イメージ体験を重視することは、教科研の特徴といえます。また、人物の気持ちを考える方法では、児言研の「同化」と共通し、「吹き出し」という方法も使っています。

「一次よみ」において、「作品がなんらかの手段によってつくり出している大きな表現」を整合的に読む方法は、児言研や文芸研にも見られる方法です。

そして、授業過程の最後に当たる「理解」の段階において、教科研はある一定の「主題」を子ども達に教えることを目的としています。この考え方は、児言研の構成主義的な授業と違い、客観主義的な方法を採っているといえます。

次回は、「読み」の授業研究会について検討したいと思っています。

【注】

（1）二〇一七年五月現在、民教連加盟の研究団体のうち教科別では、国語関係八団体（うち漢字研究会一、作文関係一を含む）、社会科関係四団体、数学関係三団体、理科関係二団体、音楽関係一団体、美術関係三団体、体育関係一団体、家庭・技術関係二団体が加盟しています。

（2）教科研は、それまでの「学校文法」を批判し、子ども達の読み書きの力をつけるために、新しい文法論を打ち立て、『にっぽんご』等の文法書を作りました。

【参考文献】

大槻健（一九八二）『戦後民間教育運動史』あゆみ出版

川野理夫（二〇〇〇ａ）『文学作品のよみ方指導双書２　小学校　文学作品の授業　基礎編』えみーる書房

川野理夫（二〇〇〇ｂ）『文学作品のよみ方指導双書５　小学校文学作品の授業　５・６年』えみーる書房

▲編集後記▼

◇西郷竹彦会長の逝去から一年が過ぎた。文芸教育研究協議会にとって、理論的支柱であり運動の羅針盤でもあった西郷会長の不在は大きな試練でもある。西郷会長が残してくれた文芸学の諸理論を受け継ぎ、発展させていく覚悟が問われている。

◇だからこそ一周忌にあたるこの時期に、西郷会長の「遺稿」を本誌に掲載できたことの意味は大きい。決して懇切丁寧に解説されているわけではない「銀河鉄道の夜」の解釈を、私たちなりに深めていくことで西郷会長からの宿題に応えていきたい。

◇文芸研の作文指導のあり方を豊かな実践をふまえて伝えてくれた辻恵子さんの連載「子どもを育てる作文指導」は今回で終了。松山幸路さんの連載を開始。今後も多様な連載を工夫していきたい。

◇八月四・五日に神奈川学園・精華小学校において第五三回文芸研横浜大会が開催される。読者の方にもご参加いただき、国語教育の現状と未来についてともに考えていただきたい。（山中吾）

◇子どもの虐待に関する痛ましい事件が連日報道されている。いったいどうなってしまったのだ。これもおとなの世界のゆがみが影響しているというのであれば、他人事にせず自ら襟を正さなければならない。「自分で考える」力の大切さが一層重要になってくるのではないか。文芸教育の力が試されるときだ。（編）

116号の主な予定 ******************

（発行予定　2018年11月）

・特集　第53回文芸研横浜大会報告
　記念講演「言葉の力、沈黙の深さ」　落合恵子
　ビデオ公開授業とシンポジウム
　「水道のせん」（まど・みちお）の授業

・小特集　3学期の文芸教材―私ならこう授業する
　2年生「スーホの白い馬」　白川詔子
　5年生「大造じいさんとガン」　多方和史

・連載
　文芸教育における教育方法の研究③　村尾　聡
　教室に学級通信があると②　松山幸路
　絵本の豊かな世界（仮）　木本敦子

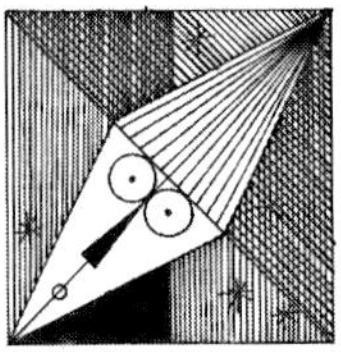

文芸教育　115号……………

2018年7月24日発行
定価（本体1500円＋税）
編集　文芸教育研究協議会
表紙デザイン　追川恵子
発行　㈱新読書社
〒113-0033
東京都文京区本郷 5-30-20
Tel 03-3814-6791
Fax 03-3814-3097
振替 00150-5-66867
印刷　日本ハイコム㈱
ISBN978-4-7880-2133-4